能源与电力分析年度报告系列

2019
世界电力行业跨国投资
分析报告

国网能源研究院有限公司　编著

中国电力出版社
CHINA ELECTRIC POWER PRESS

内 容 提 要

《世界电力行业跨国投资分析报告》是能源与电力分析年度报告系列之一。本报告主要对世界电力行业跨国投资情况和投资特点进行跟踪分析,研究电力行业投资环境和发展趋势,为我国电力企业开展跨国投资、服务"一带一路"建设提供借鉴和参考。

本报告分析了世界电力行业跨国投资整体情况,对未来投资趋势进行研判;分别针对欧洲、亚洲和大洋洲、美洲、非洲和中东,从电力行业跨国投资特点和典型投资案例等方面展开分析;研究中国和欧洲电力企业跨国投资特点。

本报告可供能源电力行业研究人员和政策制定者参考使用。

图书在版编目(CIP)数据

世界电力行业跨国投资分析报告.2019/国网能源研究院有限公司编著.—北京:中国电力出版社,2019.11

(能源与电力分析年度报告系列)

ISBN 978-7-5198-3208-7

I.①世… Ⅱ.①国… Ⅲ.①电力工业—工业企业—对外投资—研究报告—世界—2019 Ⅳ.①F416.61

中国版本图书馆 CIP 数据核字(2019)第 256326 号

出版发行:中国电力出版社

地　　址:北京市东城区北京站西街 19 号(邮政编码 100005)

网　　址:http://www.cepp.sgcc.com.cn

责任编辑:刘汝青(010-63412382)　董艳荣

责任校对:黄　蓓　王小鹏

装帧设计:赵姗姗

责任印制:吴　迪

印　　刷:北京瑞禾彩色印刷有限公司

版　　次:2019 年 11 月第一版

印　　次:2019 年 11 月北京第一次印刷

开　　本:787 毫米×1092 毫米　16 开本

印　　张:8.25

字　　数:111 千字

定　　价:88.00 元

前 言
PREFACE

电力行业是国际产能合作的重要领域,中国电力企业正在积极"走出去"投资海外电力资产。随着国际政治经济格局、电力行业市场结构和能源电力技术的变化,中国电力企业海外投资面临着严峻的外部形势。主要体现在:第一,投资壁垒加剧。欧美国家以国家安全为借口加强了对电力行业跨国投资的审核。第二,竞争压力增大。电力行业投资收益相对稳定,电力资产吸引了各类投资者的关注,优质资产溢价较高。第三,市场环境更加复杂。新技术、新业态不断涌现,商业模式不断创新,对投资者市场分析能力提出更高要求。在这样的形势下,持续跟踪、系统分析世界电力行业跨国投资的最新进展和发展趋势,可以为我国电力企业深入了解投资环境、把握市场机遇、管控投资风险、提升国际化经营水平提供重要参考。

《世界电力行业跨国投资分析报告》是国网能源研究院有限公司推出的"能源与电力分析年度报告系列"之一。本年度的报告对全球电力行业跨国投资最新动态进行跟踪,对世界主要地区的电力投资环境和典型案例进行梳理,对主要电力企业跨国投资情况进行分析,并对中国电力企业海外投资提出相关建议。

本报告共分为 7 章。第 1 章对世界电力行业跨国投资整体情况进行分析,从投资规模、投资模式、投资来源地、投资目的地、投资主体、投资领域、投资收益以及新兴业态等维度剖析投资特点;第 2~5 章对各区域跨国投资概况和投资案例进行分析;第 6 章对中国和欧洲主要电力企业的跨国投资情况进行分析;第 7 章对中国电力企业海外投资提出相关建议。

本报告中概述、第 7 章由高国伟主笔；第 1 章由阮文婧主笔；第 2～5 章由肖汉雄主笔；第 6 章由冯昕欣主笔。全书由高国伟、冯昕欣统稿。

　　在本报告的编写过程中，得到了国家电网有限公司国际合作部、研究室等部门的指导，还得到安永会计师事务所、IHS 市场咨询公司及业内知名专家的大力支持，在此表示衷心感谢！

　　限于作者水平，虽然对书稿进行了反复研究推敲，但难免仍会存在疏漏与不足之处，恳请读者谅解并批评指正！

编著者

2019 年 10 月

目　录
CONTENTS

前言

概述 ……………………………………………………………………………… 1

1　世界电力行业跨国投资整体情况分析 ……………………………… 5

　1.1　世界跨国投资整体情况分析 ……………………………………… 6

　　1.1.1　投资趋势和前景 ………………………………………………… 6

　　1.1.2　世界跨国投资政策动态 ……………………………………… 14

　1.2　2018 年以来世界电力行业跨国投资整体情况分析 ………… 20

　　1.2.1　投资规模 ……………………………………………………… 20

　　1.2.2　投资模式 ……………………………………………………… 21

　　1.2.3　投资来源地 …………………………………………………… 22

　　1.2.4　投资目的地 …………………………………………………… 23

　　1.2.5　投资主体 ……………………………………………………… 25

　　1.2.6　投资领域 ……………………………………………………… 26

　　1.2.7　投资收益 ……………………………………………………… 28

　　1.2.8　新兴业态 ……………………………………………………… 30

2　欧洲电力行业跨国投资分析 ……………………………………… 33

　2.1　欧洲电力行业跨国投资概况 …………………………………… 34

　　2.1.1　投资趋势 ……………………………………………………… 34

2.1.2　重大事件　·· 39

2.1.3　投资前景展望　·· 43

2.2　欧洲电力行业跨国投资典型案例　·············· 46

2.2.1　Hornsea 1 海上风电场交易　················ 46

2.2.2　Triton Knoll 海上风电场交易　············· 47

2.2.3　Total Eren 收购 NovEnergia　··············· 48

3　亚洲和大洋洲电力行业跨国投资分析　················ 49

3.1　亚洲和大洋洲电力行业跨国投资概况　········· 50

3.1.1　投资趋势　·· 50

3.1.2　重大事件　·· 55

3.1.3　投资前景展望　·· 57

3.2　亚洲和大洋洲电力行业跨国投资典型案例　··· 60

3.2.1　孟加拉国莫斯卡里燃煤发电项目　········· 60

3.2.2　越南吉格海上风电项目　························· 61

3.2.3　加拿大养老金计划投资委员会收购 Renew Power

　　　Ventures 部分股权　······························ 61

4　美洲电力行业跨国投资分析　······························ 63

4.1　美洲电力行业跨国投资概况　····················· 64

4.1.1　投资趋势　·· 64

4.1.2　重大事件　·· 68

4.1.3　投资前景展望　·· 72

4.2　美洲电力行业跨国投资典型案例　··············· 75

4.2.1　美国帕伦光伏电站项目　························· 75

4.2.2　巴西拉各亚多斯文托斯风力发电场项目　··· 76

4.2.3　Enel 收购巴西圣保罗大都会电力 73.4% 股权 ············· 76

5　非洲和中东电力行业跨国投资分析 ·········· 78

  5.1　非洲和中东电力行业跨国投资概况 ·········· 79

    5.1.1　投资趋势 ·········· 79

    5.1.2　重大事件 ·········· 84

    5.1.3　投资前景展望 ·········· 88

  5.2　非洲和中东电力行业跨国投资典型案例 ·········· 91

    5.2.1　几内亚阿玛利亚水电站项目 ·········· 91

    5.2.2　南非恩祖巴风力发电场 ·········· 92

    5.2.3　埃及苏伊士湾风电项目 ·········· 93

6　世界主要电力企业跨国投资分析 ·········· 94

  6.1　中国电力企业跨国投资分析 ·········· 95

    6.1.1　中国电力企业跨国投资整体情况 ·········· 95

    6.1.2　部分中国电力央企海外投资情况 ·········· 98

    6.1.3　中国电力企业海外投资面临的主要问题 ·········· 109

  6.2　欧洲电力企业跨国投资分析 ·········· 111

    6.2.1　欧洲电力企业跨国投资整体情况 ·········· 111

    6.2.2　部分欧洲电力企业海外投资分析 ·········· 112

7　相关建议 ·········· 118

  7.1　政府层面 ·········· 119

  7.2　企业层面 ·········· 119

参考文献 ·········· 122

概　　述

2018 年，收益相对稳定的电力资产受到各国投资者欢迎，电力行业跨国投资继续增长，成为最活跃的国际投资领域之一。世界不同区域电力跨国投资各具特色，欧美发达国家法律健全、并购机会多，但贸易和投资保护主义抬头，对外国投资者限制增加；亚太地区、南美洲和非洲绿地项目投资需求旺盛，是重要潜力市场。中国电力企业成为重要国际投资者，与欧洲和北美能源电力企业及国际投资基金同台竞争。报告的主要结论和观点如下：

（一）世界跨国投资整体情况

（1）欧美逆全球化思潮发酵，全球跨国投资持续三年下滑。2018 年全球外国直接投资流入 12 972 亿美元，较 2017 年减少 13％。部分主要外资吸收国加强外资审查机制，将一些大型外资项目拒之门外，减少了外资流入。美国 2017 年底实施的税改促使美国跨国企业在 2018 年前两个季度将大量留存的海外资金汇回，也是全球跨国投资下滑的重要原因。

（2）流入发展中国家的全球外国直接投资（FDI）规模小幅增长，占全球总额的比重上升。2018 年流入发展中国家的 FDI 表现出较强的韧性，增长了 2％，达到 7060 亿美元。前 10 大外资流入经济体中有一半是发展中国家。发达国家投资政策的不确定性导致外资流入规模下降。

（3）国际投资扩张呈现轻资产、高研发投入趋势。数字经济的发展导致国际投资转向无形资产和高科技领域，一些重型工业的跨国公司排名正在下滑，甚至掉出了全球跨国企业 100 强榜单；互联网领域一批新兴跨国企业在国际市场上的影响正逐步提升。

（4）经济特区和工业园区成为吸引外国投资的重要手段。目前全球超过 145 个经济体在运营经济特区和工业园区。2019 年全球有将近 5383 个经济特区，在过去的 5 年里设立的经济特区数量超过 1000 个。

（二）世界电力行业跨国投资整体情况

（1）世界电力行业投资并购规模逆势增长。2018 年全球电力行业共发生各类型投资交易 3488 起，交易额 6499 亿美元，比 2017 年分别增长 4％和 5％。

在全球投资下滑的背景下，电力行业投资依然活跃，成为国际资本关注的重要领域。

（2）发达国家电力资产、投资回报稳定的输配资产最受投资者欢迎。从交易发生的地区来看，电力行业跨国并购仍然集中在市场环境较好的发达国家。2018 年北美洲和欧洲电力投资交易额各占全球总额的 34％，亚洲和大洋洲占22％，其他地区仅占 10％。从交易资产的类型来看，输配电及输配气资产交易额最高，其次依次为可再生能源和传统能源发电资产。

（3）中国成为全球电力行业最主要的投资者。2018 年中国企业在全球电力行业跨国投资中的占比达到 34％，成为电力行业跨国投资第一大资金来源国。其后依次是加拿大、美国、英国和意大利，占比分别为 24％、15％、6％和 3％。

（4）电力行业新技术、新业态成为跨国投资重要增长点。电力企业加大了对储能、电动汽车充电、人工智能、需求侧响应等新技术和新业态的投资并购力度，传统油气企业和互联网企业也积极参与电力行业新技术投资，电力行业跨界竞争的趋势更加明显。

（5）全球电力资产保持了较好的投资收益水平。在国际资本市场持续动荡的背景下，2018 年电力行业投资回报率高于市场平均水平，电力资产投资收益稳定、抗风险能力强的特点进一步体现。

（三）各区域电力行业跨国投资整体情况

（1）欧洲。法律制度健全，监管制度完善，投资环境较好，是并购交易的热点地区。欧盟通过"人人享有可再生能源法案"，制定了 2030 年低碳发展目标，推动新能源投资快速发展。财务投资者较为活跃，各类投资基金积极参与欧洲电力资产，特别是新能源资产投资。

（2）美洲。北美洲电力行业相对封闭，北美洲之外投资者进入难度较大。美国加强外资审核的措施和联邦层面鼓励传统能源发展的政策对新能源投资产生负面影响。南美洲不断推动电力资产私有化进程，投资环境显著改善，并购市场更加活跃；南美洲电力投资需求旺盛，大型发电项目和输配电项目投资潜力较大。

（3）亚太。亚洲电力需求增长较快，未来 20 年内电力投资约占全球一半；亚洲部分新兴大国电力市场化改革和私有化改革进程加快，对跨国投资者吸引力提升；澳大利亚电力资产私有化进程持续，但对外国投资者限制增加。

（4）非洲。非洲电力需求快速增长，低碳转型趋势明显，清洁能源、电网投资潜力巨大；电力行业投资环境相对较差，但近年来明显提升；大部分国家电力行业由国有企业主导，私有化进程缓慢，存量资产并购机遇较少；绿地项目是跨国投资主要形式，资金主要来源于国际组织、国际金融机构和援助基金。

（四）世界主要电力企业跨国投资情况

（1）中国电力企业。海外投资规模迅速增长，未来海外投资进程将进一步加快；海外发电资产主要分布在东南亚，以绿地项目为主，水电和火电占比较高；海外电网资产主要分布在南美洲、欧洲和大洋洲，以存量资产并购为主。

（2）国外电力企业。欧洲电力企业国际化程度较高，海外资产规模及占比均领先于其他地区电力企业，主要跨国电力企业均为欧洲企业；美国电力企业整体规模较小，海外资产占比相对较低；在欧美国家电力需求增长缓慢背景下，欧美电力企业加大对发展中国家市场关注力度，对发展中国家新能源资产投资热情较高。

1

世界电力行业跨国投资整体情况分析

1.1 世界跨国投资整体情况分析

1.1.1 投资趋势和前景

(1) 欧美逆全球化思潮发酵，全球跨国投资持续 3 年下滑。2018 年全球外国直接投资流入 12 972 亿美元，较 2017 年减少 13%，连续第三年出现下滑，见图 1-1。全球外国直接投资的下降，主要是由于美国 2017 年底实施的税改促使美国跨国企业在 2018 年前两个季度将大量留存的海外资金汇回，导致发达国家中一些传统外资流入大国的 FDI 出现负增长，见表 1-1。此外，部分主要外资吸收国加强外资项目审查机制，将一些大型外资项目拒之门外，也减少了外资流入。

图 1-1 2007－2018 年世界及各地区 FDI 流入趋势

数据来源：UNCTAD FDI 数据库。

表 1-1 世界各地区 2015－2018 年 FDI 流入和流出情况

地 区	FDI 流入量（亿美元）				FDI 流出量（亿美元）			
	2015 年	2016 年	2017 年	2018 年	2015 年	2016 年	2017 年	2018 年
发达国家	12 686	11 977	7593	5569	12 435	11 051	9253	5584
其中：欧洲	7150	6117	3840	1719	7749	5796	3755	4184

续表

地　区	FDI 流入量（亿美元）				FDI 流出量（亿美元）			
	2015 年	2016 年	2017 年	2018 年	2015 年	2016 年	2017 年	2018 年
北美	5113	5077	3018	2915	3317	3593	3802	−131
发展中国家	7288	6563	6906	7060	4070	4199	4617	4176
其中：非洲	569	465	414	459	97	95	133	98
亚洲（不包括日本）	5144	4733	4927	5117	3726	3991	4119	4015
拉丁美洲和加勒比地区	1559	1353	1554	1467	249	111	364	65
转型经济体	364	647	475	342	321	252	385	382
全球总计	20 338	19 187	14 974	12 972	16 826	15 501	14 254	10 142

数据来源：UNCTAD FDI 数据库。

（2）在对外直接投资方面，2018 年美国 FDI 出现负的净流出，未能进入全球 10 大对外投资经济体排行。欧洲地区有所回暖，法国成为第三大投资来源国，2018 年对外投资超过 1020 亿美元。从亚洲地区看，日本继续保持第一大 FDI 流出国。中国排名第二，FDI 流出量为 1300 亿美元，见图 1 - 2。

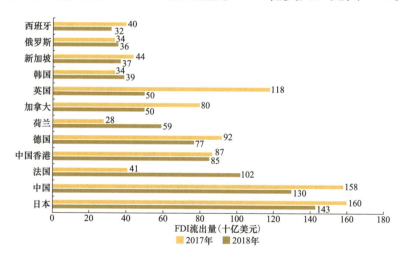

图 1 - 2　2017－2018 年世界 FDI 流出量前 10 名国家

数据来源：UNCTAD《2019 年世界投资报告》。

（3）发达经济体 FDI 流入量锐减，创 2004 年以来最低。全球经济增长预测下调，政策环境的不确定性，以及美国跨国公司投资潜能的减弱，导致了全球 FDI 风险增加。2018 年流入发达经济体的外国直接投资总额减少 27％，降至 2004 年来最低。其中，美国 FDI 流入量缩水 9％，降至 2520 亿美元。英国外资流入下降了 36％。流入爱尔兰和瑞士的 FDI 分别减少到 660 亿美元和 870 亿美元。由于几起超大型并购交易使得流入荷兰和西班牙的 FDI 出现增长。在全球前十大外资流入目的地中，美国仍是最大的外资流入国，其次是中国。中国香港及新加坡分别排在第 3 位和第 4 位，见图 1-3。

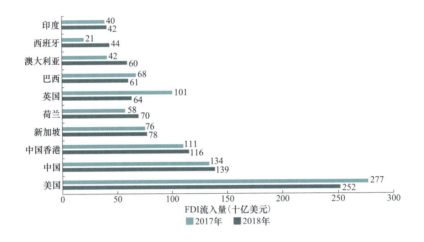

图 1-3　2017－2018 年世界 FDI 流入量前十名国家

数据来源：UNCTAD《2019 年世界投资报告》。

（4）流入发展中经济体的 FDI 小幅增长，占全球总额的比重上升。 2018 年流入发展中经济体的 FDI 表现出较强的韧性，增长了 2％，达 7060 亿美元。前十大外资流入经济体中有一半是发展中国家（见图 1-3）。由于发达经济体外资流入的大幅下降，发展中经济体占全球 FDI 的比重增加到 54％，创历史新高。其中，亚洲发展中经济体的 FDI 流入增长 4％，成为全球外资流入最多的地区，相比 2017 年该区域的绿地投资总额翻了一番。非洲地区的 FDI 流入增长了 11％，达 460 亿美元，这一增长得益于对资源的持续投资。拉丁美洲和加勒比地区未能保持增长势头，FDI 流入下降了 6％。流入转型经济体的 FDI 继续呈下降趋势，减少了 28％。

（5）**全球跨境并购回暖，主要集中在资源和服务领域**。在经历了 2017 年的低迷之后，全球跨境并购 2018 年出现回暖迹象，并购交易额上升 18％，约为 8160 亿美元。从并购行业来看，自然资源领域的跨境并购额增幅最高，接近 60％。服务业的跨境并购增幅为 37％，制造业领域的跨境并购出现下降，约为 -6％。表 1-2 罗列了 2017—2018 年全球跨境并购额前 10 名的行业。其中，化工和化学产品、信息与通信、金融与保险、运输和仓储、贸易等行业的跨境并购额都出现了成倍增长。电力、燃气和水行业的跨境并购数量增长 12％，但是跨境并购额下降了 30％。

表 1-2　　　　　2017—2018 年全球跨境并购额和并购数量情况

行业	并购额（十亿美元）		增长率（％）	并购数量		增长率（％）
	2017 年	2018 年		2017 年	2018 年	
自然资源	24	39	63	550	406	-26
制造业	327	307	-6	1690	1600	-5
服务业	343	469	37	4727	4815	2
并购额排名前 10 名行业						
化学和化工产品	65	149	129	198	211	7
商业服务	107	112	5	1817	1848	2
金融及保险	59	108	83	617	599	-3
信息与通信	39	90	131	611	612	0.2
食品、饮料和烟草	88	55	-38	227	205	-10
运输和仓储	23	47	104	306	269	-12
电气和电子设备	26	42	62	307	257	-16
采矿和石油	23	38	65	466	329	-29
电力、燃气和水	54	38	-30	171	191	12
贸易	12	35	192	486	501	3
总计	694	816	18	6967	6821	-2

数据来源：UNCTAD《2019 年世界投资报告》。

（6）**全球绿地投资提速，采矿业项目翻了3番**。2018 年全球绿地投资额同比增长 41%，达 9610 亿美元，见图 1‑4。其中自然资源领域的绿地投资增长率达 101%，尤其是采矿业出现了 3 倍的增长。从具体的行业排名看，由于近年来经济特区的建设，建筑业已经逐渐摆脱金融危机的负面影响。而电力行业也呈现出蓬勃的增长趋势，2018 年电力行业的绿地投资为 1110 亿美元，增幅为 23%，见表 1‑3。根据《2019 年世界对外投资报告》显示，在过去的 10 年里，可再生能源领域的绿地投资已经远远超过了化石燃料发电项目。2018 年，可再生能源发电的总支出为 780 亿美元，矿物燃料发电资本支出为 270 亿美元。

图 1‑4 2007－2018 年世界跨国绿地投资和并购项目发展趋势

数据来源：UNCTAD《全球投资趋势监测报告》第 31 期。

表 1‑3　　　2017－2018 年全球绿地投资额和绿地投资数量情况

行业	绿地投资额（十亿美元）		增长率（%）	绿地投资数量		增长率（%）
	2017 年	2018 年		2017 年	2018 年	
自然资源	21	41	95	83	122	47
制造业	345	466	35	7855	8049	2
服务业	332	473	43	8412	9396	12
绿地投资排名前 10 名行业						
建筑业	61	113	84	279	475	70
电力、燃气和水	90	111	23	302	429	42

续表

行业	绿地投资额（十亿美元）		增长率（%）	绿地投资数量		增长率（%）
	2017 年	2018 年		2017 年	2018 年	
焦炭和精炼石油产品	15	86	480	75	87	16
商业服务	61	78	28	4419	4686	6
汽车及其他运输设备	61	74	20	1123	1131	1
化学及化工产品	54	66	21	588	569	−3
电气及电子设备	60	58	−3	996	1046	5
旅馆和餐厅	17	49	189	163	422	159
运输和仓储	39	48	24	936	1018	9
采矿和石油	20	41	102	79	118	49
总计	698	981	41	16 350	17 567	7

数据来源：UNCTAD《2019 年世界投资报告》。

（7）国有企业国际并购增速放缓，数量趋于稳定。2018 年全球国有跨国企业共有约 1500 家，数量与 2017 年持平。进入全球百强排行榜的国有企业数量从 15 个增加到 16 个，中国共有 5 家企业进入榜单，占 18%。其中，中国化工总公司、中国国家电网和中国五矿公司 3 家企业首次进入全球百强榜单。其他的国有跨国企业来自德国、法国、挪威和日本，见表 1 - 4。

表 1 - 4　2017、2019 年入围全球跨国企业 100 强排行榜的国有企业名单

2019 年排名	2017 年排名	企业名称	所属国家	行　业
6	6	德国大众集团	德国	汽车
18	18	意大利国家电力公司	意大利	电力、天然气和水力
28	27	德国电信股份公司	德国	电信
30	33	法国电力公司	法国	电力、天然气和水力
32	23	埃尼公司	意大利	石油公司及相关行业
40	81	中国中远航运有限公司	中国	运输和仓储
42	54	日本电报电话公司	日本	电信
50	46	空中客车集团	法国	飞机
51	37	Engie	法国	电力、天然气和水力
52	52	Orange SA	法国	电信

续表

2019 年排名	2017 年排名	企业名称	所属国家	行 业
56	44	中国海洋石油公司	中国	采矿、采石和石油
59	55	Equinor ASA	挪威	炼油及相关产业
62	未进入百强	国家电网	中国	电力、天然气和水
67	未进入百强	中国化工总公司	中国	化学品和相关产品
69	68	法国雷诺公司	法国	汽车
97	未进入百强	中国五矿公司	中国	金属和金属产品

数据来源：UNCTAD《2019 年世界投资报告》。

　　2012 年以来，国有跨国企业的并购活动显著放缓。2018 年国有跨国公司的并购额占全球的比重降至 4％，远低于 2008—2013 年的平均水平，主要原因是由于欧美等发达国家投资审查日渐严苛，阻碍了来自新兴市场的并购活动。从行业来看，2010—2018 年间，国有跨国企业的并购活动主要聚焦于公共基础设施、油气与采矿和金融服务等领域，分别占 20％、24％和 11％，见图 1-5。高科技产业包括硬件供应商和软件、IT 服务，占比 5％。

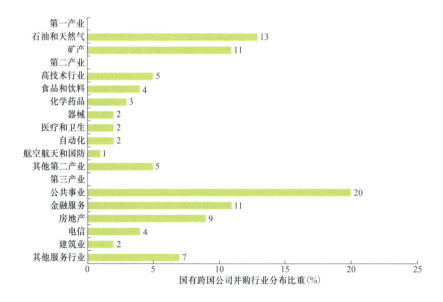

图 1-5　2010—2018 年国有跨国企业跨国并购行业分布

数据来源：UNCTAD《2019 年世界投资报告》。

(8) 国际生产扩张呈现轻资产、高研发投入等趋势。数字经济导致的国际生产投资更多地转向无形资产和科技型企业。一些重型工业的跨国公司排名正在下滑，甚至掉出了全球 100 强榜单，一方面是由于科技型企业的兴起挤占了工业企业的生存空间；另一方面是这些工业企业通过重组剥离了其非核心业务。例如 2018 年 12 月，瑞士 ABB 宣布将旗下 80％的电网业务以 80 亿美元价格出售给日立公司，售出该业务后 ABB 的主营业务将集中在电气化、工业自动化、机器人等领域，聚焦具有更大经济发展潜力的数字化产业。美国通用电气在 2016 年开始逐渐剥离其金融业务，将原来 10 个业务部门缩减到了航空和电力 2 个部门。2018 年，德国西门子宣布将其天然气和电力业务分拆为独立公司。

科技研发的对外直接投资正在增长，跨国企业通过对外直接投资以获得技术资源或靠近知识中心，形成产业集群进行研发活动。2018 年全球前 100 强的跨国公司的研发投入高达 3500 亿美元，在 2014－2019 年，这些跨国公司公布的海外研发项目从 4000 个增长到 5300 个。信息和通信技术、生物医药和汽车行业是研发投入规模最大的行业。美国亚马逊在 2018 年研发支出 288 亿美元，排名第一；其次是美国谷歌研发投入 214 亿美元，排名第二；三星电子有限公司研发投入 165 亿美元，排名第三，中国华为技术有限公司以 153 亿美元的研发投入位居第四，见表 1－5。

表 1－5　　　　全球 100 强跨国企业研发（R&D）投入前 20 名

排名	公司	所属国	行业	研发（R&D）投入（十亿美元）	研发（R&D）投入占比（％）
1	亚马逊	美国	科技	28.8	12.4
2	谷歌	美国	科技	21.4	15.7
3	三星电子有限公司	韩国	科技	16.5	7.5
4	华为技术有限公司	中国	科技	15.3	14.1
5	微软公司	美国	科技	14.7	13.3
6	苹果公司	美国	科技	14.2	5.4

排名	公司	所属国	行业	研发(R&D)投入(十亿美元)	研发(R&D)投入占比(%)
7	英特尔公司	美国	科技	13.5	19.1
8	罗氏控股公司	瑞士	生物制药	12.3	20.3
9	强生公司	美国	生物制药	10.8	13.2
10	丰田汽车	日本	汽车	10	3.6
11	大众汽车	德国	汽车	9.6	3.4
12	诺华公司	日本	生物制药	9.1	16.5
13	罗伯特博世股份有限公司	德国	汽车	8.7	9.2
14	福特汽车公司	美国	汽车	8.2	5.1
15	辉瑞公司	美国	生物制药	8	14.9
16	通用汽车公司	美国	汽车	7.8	5.3
17	戴姆勒股份公司	德国	汽车	7.5	3.9
18	本田汽车有限公司	日本	汽车	7.3	5.1
19	赛诺菲公司	法国	生物制药	6.7	16
20	西门子公司	德国	工业	6.4	6.7

数据来源：UNCTAD《2019 年世界投资报告》。

1.1.2 世界跨国投资政策动态

根据联合国贸发会的统计，2018 年，全球 55 个国家和经济体共制定了 112 项影响外国投资的政策措施，相比去年减少了 11%。其中 31 项措施涉及新的限制或与外国直接投资相关的法规，65 项是促进投资自由化和便利化的政策措施。从总体来看，限制性或监管性政策措施的比例大幅上升，增幅超过 60%，是 2003 年以来最高。

(1) 美国税制改革的"溢出效应"仍在延续。投资贸易保护主义和地缘政治风险仍是影响全球跨国投资的重要因素。2019 年 1 月 1 日中美两国暂缓加征关税，就强制技术转让、保护、非关税贸易障碍、农业服务业等问题展开 90 天的贸易谈判，但预期中美两国在能源、制造业等产业及两国对全球科技领导地位的争夺将长期持续。与此同时，美国税制改革对跨国投资的"溢出效应"还会延续。2017 年 12 月，美国政府通过了《减税和就业法案》，该法案通过减税和简化税制将企业所得税从 2018 年 1 月 1 日起由 35％降至 21％，鼓励本国跨国公司将海外资金回流。对于海外投资者来说，一揽子改革中还包括针对跨国公司通过复杂的跨境投资结构避税的反避税措施，如对无形资产全球低税收入征税，以及对可能侵蚀税基的母公司对海外分支机构的支付进行征税，可能导致在美外资企业支付更多税款。另外，从 2018 年绿地投资的增长趋势可以看出跨国公司计划在今后几年扩大投资的积极势头，预计 2019 年发达经济体的外国直接投资将出现反弹。

（2）关键基础设施领域和国有企业的跨国并购将面临更加严苛的外国投资审查。2018 年，全球 55 个国家和经济体出台了至少 112 项影响外国投资的政策措施，其中 34％的措施对外资作出了新的限制或规定，这是自 2003 年以来的最高比例。按交易数量计算，在 2018 年超过 5000 万美元的所有撤回的跨境并购提案中至少有 22 个交易因监管或政治原因而撤销，是 2017 年的两倍。其中，针对中国企业的并购撤回案件不占少数，主要集中在科技企业、金融服务、基础设施业务和能源等行业，见表 1-6。

表 1-6　　　　　　　　2018 年被撤回的中国企业跨境并购项目

时间	中国买方	并购标的	金额	行业	原因
2018 年 1 月	蚂蚁金服	美国速汇金	12 亿美元	金融	出于国家安全原因
2018 年 1 月	风神轮胎有限公司	意大利 Prometeon Tyre	90％股份	制造	其他监管原因
2018 年 1 月	海航集团有限公司	新西兰 UDC Finance	4.6 亿美元	金融	出于国家安全原因
2018 年 2 月	蓝色光标	美国 Cogint	1 亿美元	科技	出于国家安全原因
2018 年 5 月	中国通信建设集团有限公司	加拿大 Aecon 集团	15 亿美元	工程	出于国家安全原因
2018 年 8 月	深圳能源	加拿大 Recurrent Unit	2.3 亿美元	能源	在等待东道国批准时撤回

续表

时间	中国买方	并购标的	金额	行业	原因
2018 年 7 月	国家电网有限公司	德国 50Hertz	20％股权	电网运营商	出于国家安全原因
2018 年 8 月	中国烟台台海集团	德国 Leifeld Metal Spinning AG	—	制造	出于国家安全原因

数据来源：UNCTAD《2019 年世界投资报告》。

欧美等发达国家采取了强化监管和新的筛查机制等措施限制了涉及包括国家安全、关键基础设施和核心技术等领域的并购活动。2018 年 10 月，美国财政部公布了美国《外国投资风险评估现代化法案》先驱项目的临时规定，对关键技术行业和外国国有企业的并购交易作出严格规制。规定强调对于涉及关键技术、关键基础设施和美国公民的敏感数据采集等行业的外资并购，即使没有造成对美资企业的控制，也会受外国投资委员会审查。澳大利亚对投资于农业用地的外资实施更严格的限制措施，并将严格限制涉及电力资产的外国投资。立陶宛修订了对国家安全具有战略意义的企业和设施法，主要是在军事装备、能源和信息技术等某些行业维护国家安全。2018 年 12 月，德国政府通过了外商投资制度修正案，该修正案扩大了德国政府调查和否决涉及国防，包括能源、水利、信息技术和电信在内的关键基础设施，以及其他如信息技术安全等涉及安全的民用技术行业的外国投资的权力。这些改革导致经济能源部受理的交易申报数量大幅上升，审查程序更加正式化。2018 年 8 月，因德国政府拟否决相关交易，由中国烟台台海集团控制的法国公司 Manoir Industries 撤回了对 Leifeld Metal Spinning AG 的收购要约。2018 年 7 月，德国政府通过指示法兰克福的复兴信贷银行收购了德国电网运营商 50Hertz 20％股权并可能在之后转售，成功阻止了中国国家电网有限公司收购这些股权。

（3）积极吸引和利用外国投资将是发展中国家刺激经济增长的主要动力。根据联合国贸易和发展会议发布的《2019 年世界投资报告》统计，2018 年 112 项影响投资的新政策措施中有 67％仍朝着促进投资自由化和便利化的方向发展。亚洲发展中国家在 2018 年率先采取投资自由化措施，约占此类措施的 60%。这些自由化措施涉及了能源、零售业、金融、物流、运输等多个领域。许多国家大幅缩减限制外商投资产业条目，简化外商投资的行政审批手续等，大大降低了外资准入的门槛，一些国家还为在特定行业或经济特区的投资提供了新的财政激励政策。

2018 年中国修订了 11 个自由贸易试验区的外商投资负面清单，放宽或取消了对若干行业的外商投资限制。缅甸允许 100% 的外资拥有批发和零售业，以及采矿业；80% 的外资拥有农业部门。菲律宾修订了"负面清单"，放宽了外资在当地投资的公共工程项目、私人无线电通信网络、互联网企业和融资公司的建设和维修等行业的所有权上限。2019 年 1 月，印度取消了外国公司在国防、电信和私人安全等行业设立分支机构的审批程序，希望在特定条件下设立分支机构。截至 2019 年 1 月，卡塔尔原则上允许所有经济部门 100% 的外资拥有，银行和保险等业务除外。

(4) 制定跨境投资规则将是未来 20 年全球经济治理体系完善的重要内容。 随着非洲、欧盟区域一体化推动者国际投资规则框架不断完善。全球跨境投资自由化、便利化水平将继续提升。虽然个别国家调整外资政策，短期内出台一些限制性措施，但开放、促进和吸引外资仍将是未来主要政策基调。截至 2018 年底，全球已签署的双边投资协定已达 3317 项，其中已经生效的协定 2658 项。已经签署的投资条款的协定 385 项，主要是自由贸易协定（FTA）和经济一体化协定（IEA）等。2018 年，全球共签署 40 项国际投资协定，其中 30 项双边投资协定和 10 项投资条款协定，按照类型可以分成三类，见表 1-7。

表 1-7　　　　　　　　2018 年已签署的全球投资条款协定

包括 ISDS 协定	澳大利亚-秘鲁自由贸易协定
	跨太平洋伙伴关系全面和渐进协定（CPTPP）
	欧洲联盟（欧盟）-新加坡投资保护协定
	中美洲-大韩民国自由贸易协定

续表

包括 ISDS 协定	新加坡-斯里兰卡自由贸易协定
	美国-墨西哥-加拿大协定（美加协定）
	欧盟-日本经济伙伴关系协定（EPA）
有限投资规定的协议	欧洲自由贸易联盟（欧贸联）成员国-厄瓜多尔综合环境保护局
	欧盟自由贸易协会-印度尼西亚综合环保局
不包括 ISDS 协定	巴西-智利自由贸易协定

数据来源：UNCTAD《2019 年世界投资报告》。

2018 年 3 月，44 个非洲国家签署了成立非洲大陆自贸区协议，旨在深化非洲经济一体化。该协议于 2018 年 5 月正式生效启动。自贸区协议实施后，非洲大陆自由贸易区 52 个成员国之间的进出口货物贸易将实现自由化、零关税、零配额，自由流通。非洲大陆自由贸易区协议的实施将对非洲区域带来一系列的积极影响，首先，自贸区将极大地促进非洲各国之间的贸易往来、互通有无、优势互补。另外，由于非洲 52 个国家形成了一个统一的大市场，这极大地增强非洲市场对于外资的吸引力，有利于非洲各国吸引外资。与此同时，随着多边投资体系逐步形成，企业的跨国投资行为也将面临更多的挑战。例如，双边、区域协定的发展将加剧国际投资协定体系的复杂性。可持续发展原则、企业社会责任新内容等将不断纳入投资规则，企业面临更高的合规性要求。投资者与东道国争端解决机制可能被纳入投资协定，投资保护程度加强。

（5）经济特区和工业园区是吸引投资的最重要手段之一。新一轮产业政策和对国际投资日益激烈的竞争，引发了建立经济特区和工业园区的热潮。随着全球经济转变，经济特区和工业园区也处在转型进程中，更多国家将经济特区和工业园区的重点投向制造业以外领域，包括专注于高科技、金融服务和旅游业等新兴产业。《2019 年世界投资报告》指出，促进经济特区和工业园区发展已成为转型经济体的一项重要投资政策工具，相关做法在其他发展中国家和发达国家亦较为普遍，未来或成为外国直接投资增长的主要推动力。近 10 年来，经济特区和工业园区的数量在世界各地迅猛增长，目前全球超过 145 个经济体在运营经济特区和工业园区。2019年全球有将近5383个经济特区，在过去的5年里设立的经济特区数量超过1000个，还有507个已宣布的在建项目。世界上大部分经济特区和工业园区位于亚洲发展中国家，截至2019年亚洲拥有经济特区4046个，占全球75％，其中中国拥有经济特区的数量最多，共计2543个（见表1-8）。中国将继续试行相关政策，包括在自由贸易试验区实施投资便利化措施、放宽外资在金融和医疗等领域的投资，预计这些举措未来都将产生吸引投资的效应。

表1-8　　　　　　　　　2019年全球各区域经济特区数量

地　　区	经济特区数量	在建设中	计划中
全球总数	5383	474	507
发达国家	374	5	—
欧洲	105	5	—
北美	262	—	—
发展中国家	4772	451	502
亚洲	4046	371	419
东亚	2645	13	—
中国	2543	13	—
东南亚	737	167	235
南亚	456	167	184
印度	373	142	61
西亚	208	24	—
非洲	237	51	53
拉丁美洲和加勒比地区	486	28	24
转型经济体	237	18	5

数据来源：UNCTAD《2019年世界投资报告》。

未来，亚洲其他国家和地区继续建设更多的经济特区和工业园区，东南亚国家、印度、孟加拉国和巴基斯坦等，都有这方面的规划或建设项目。印度、韩国、菲律宾和土耳其将工作重点放在信息和技术领域，西亚国家更青睐服务业，大多数东南亚国家则寻求吸引不同类型的制造业，印尼、泰国和越南着力于工业设施和发电项目。拉美和加勒比地区越来越多的国家希望通过经济特区来推动经济发展，该地区的经济特区拥有 1 万多家企业，约 100 万名员工。哥斯达黎加、多米尼加和尼加拉瓜经济特区出口占这些国家出口的 1/2 以上，墨西哥和哥伦比亚的经济特区出口在各自国家出口总额的占比分别为 31% 和 13%。非洲大陆自由贸易区协议的推进，预示未来非洲新兴经济特区将蓬勃发展且投资前景良好。非洲大陆 54 个经济体中有 38 个拥有经济特区，其中肯尼亚的经济特区数量最多。非洲大陆最大的 3 个经济体尼日利亚、南非和埃及都制定了经济特区方案。鉴此，加强区域合作也为经济特区建设创造了更多空间。

1.2　2018 年以来世界电力行业跨国投资整体情况分析

1.2.1　投资规模

从整体投资交易规模来看，全球电力行业投资交易额和交易量均有所提升。2018 年，全球电力行业共发生各类投资交易 3488 起，交易量比 2017 年增长 3.72%，见图 1 - 6。全年交易额达到 6498.51 亿美元，比 2017 年增长 4.54%。在 2016 年出现较大幅度下跌后，2017、2018 两年，全球电力行业投资交易额和交易量均连续攀升，但仍未达到 2015 年的高点。

分季度来看，一、二季度交易额较高，三、四季度交易额出现下降。一季度交易额为 1943.50 亿美元，二季度在一季度基础上有所上升，达 2074.84 亿美元。三季度和四季度的交易额相对较少，分别为 1207.56 亿美元和 1272.61 亿美元，见图 1 - 7。三、四季度的投资交易额大幅下滑，主要由于中国、日本等清洁能源发电大国的政策倾向于下调新能源电价补贴，导致新能源发电资产对投资者的吸引力下降。此外，市场普遍预测欧美经济增长将出现一定程度放缓，从而调降对未来电力需求的预期，致使全球电力投资出现萎缩。

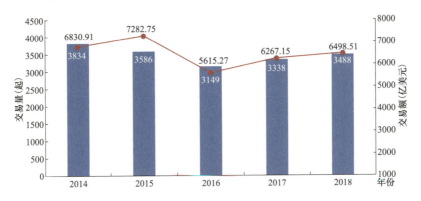

图 1-6 2014—2018 年全球电力行业投资交易量与交易额

数据来源：GlobalData。

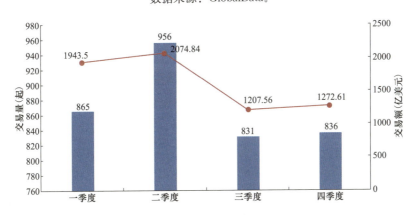

图 1-7 2018 年各季度全球电力行业投资交易量与交易额

数据来源：GlobalData。

1.2.2 投资模式

从投资交易完成的模式来看，在各种主要交易模式中，企业并购和资产交易的交易额相比 2017 年显著上升，而其他交易模式的交易额则处于停滞状态或出现一定程度下降。企业合并与并购交易额自 2015 年来持续增长，2018 年已达到 1802.01 亿美元，较上年增长 24.4%，见图 1-8。在 2017 年出现下降后，资产交易的活跃度也有所回升，交易额达到 673.28 亿美元，较上年增长 64.8%。自有资本投资和债务融资的交易额出现大幅度下滑，由 2017 年的

804.72 亿美元和2102.46 亿美元分别降至 575.33 亿美元和 1815.96 亿美元，较上年分别下降 28.5%和 14.4%。其他各类交易模式的交易额变化不大。企业并购和资产交易的交易额迅速上升，说明电力行业的兼并重组正日益活跃，市场整合不断推进。

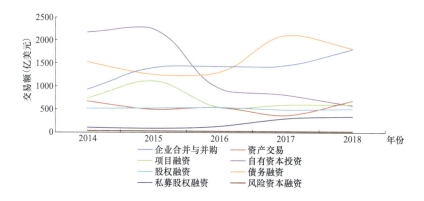

图 1-8　2018 年全球电力行业投资不同交易模式交易额

数据来源：GlobalData。

1.2.3　投资来源地

从投资来源地来看，北美与中国依然是最主要的跨国投资来源地。2018 年全球电力与公用事业行业投资主要来源国见图 1-9。

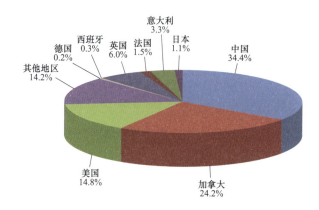

图 1-9　2018 年全球电力与公用事业行业投资主要来源国

数据来源：安永会计师事务所。

（1）**中国**。2018 年，中国在全球电力与公用事业行业的海外投资中占比由 2017 年的 22.2％升至 34.3％，成为电力与公用事业行业海外投资第一大来源地。能源基础设施合作是"一带一路"建设的重要组成部分，随着"一带一路"建设逐步深入，中国电力企业正加速在沿线国家特别是发展中国家的布局。

（2）**加拿大**。加拿大在全球电力与公用事业行业海外投资中占比略有下降，由 2017 年的 26.1％降至 24.1％，但仍保持第二大海外投资来源地的位置。加拿大海外投资的多元化程度相对较低，主要流向高度开放的美国市场，在北美地区之外的投资不多。

（3）**美国**。美国在全球电力与公用事业行业海外投资中占比有所上升，由 2017 年的 8.1％升至 14.8％。美国电力企业的规模通常较小，海外资产规模有限。不过，近年来，随着可再生能源发电及储能、分布式能源等新兴业务蓬勃发展，美国电力企业及其他一批跨界企业在这些领域的海外业务规模正逐步扩张，投资整体规模也随之上升。

（4）**欧洲及日本**。其他主要的海外投资来源地有英国（6％）、意大利（3.3％）、法国（1.5％）、日本（1.1％）、西班牙（0.3％）和德国（0.2％）等。相比中国和北美国家而言，欧洲国家和日本的电力行业海外投资规模相对较小。但这些国家的企业具有长时间开展海外业务的经验，全球化经营能力较强，且在核电、清洁能源等领域的技术储备丰富，未来仍将是全球电力行业的重要投资者。

1.2.4　投资目的地

从投资目的地来看，北美洲仍是全球范围内最主要的电力行业投资目的地，但欧洲吸引的投资正在迅速上升，已经接近北美洲。2014—2018 年全球各区域吸引电力投资的情况见图 1-10。

2018 年，全球各区域吸引电力投资情况如下：

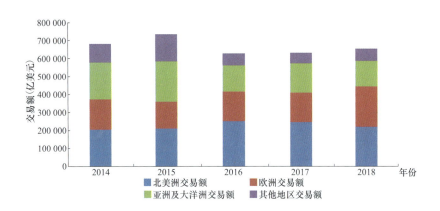

图 1 - 10　2014－2018 年全球各区域接受的电力行业投资

数据来源：GlobalData。

(1) 北美洲。2018 年，北美洲电力行业总投资额由 2017 年的 2467.89 亿美元降至 2219.02 亿美元，降低 10.1%。美国政府支持化石燃料发电的政策红利基本释放完毕，同时对可再生能源发电的支持力度出现下降，都导致了本年度北美电力行业投资出现回落。

(2) 欧洲。2018 年，欧洲电力行业总投资额达 2218.38 亿美元，较 2017 年的 1629.97 亿美元增长 36.1%，与北美洲的差距已经缩短到 1 亿美元以内。2018 年内，欧盟完成了第四轮能源改革立法，通过立法重申了促进能源结构绿色转型以达成 2030 年低碳发展目标的决心。欧盟的政策举措强化了可再生能源领域投资者的正面预期，带来了投资额迅猛增长。

(3) 亚洲及大洋洲。2018 年，亚洲及大洋洲电力行业总投资额为 1450.21 亿美元，较 2017 年减少 11.2%。中国与日本两个主要经济体降低光伏发电的补贴、印度宣布将进一步限制煤电发展等因素共同导致了亚洲地区电力投资的回落。

(4) 其他地区。2018 年，世界其他地区电力行业总投资额由 2017 年的 602.6 亿美元升至 668.29 亿美元，增长 10.9%。拉美和非洲广大发展中国家的经济稳步增长，正带动电力行业投资上升。不过，这些地区的电力需求仍较为有限，投资规模相对不大。

1.2.5　投资主体

　　从投资主体来看，全球电力行业资产交易和企业并购的投资主体仍为能源企业，金融企业和其他企业作为投资主体的交易也相当普遍。2018年各类主体投资在全球电力行业资产交易额和企业并购交易额中的占比见图1-11。2018年，全球电力行业交易额1亿美元以上的资产交易和企业并购共有465起。其中，投资方为能源企业的共有351起，总交易额为2850.08亿美元；投资方为金融企业的共有84起，总交易额为675.7亿美元；投资方为其他领域企业的共有30起，总交易额为249.28亿美元。在交易额1亿美元以上的投资并购交易中，能源企业仍占据75.5%的交易额，为绝对多数。不过，金融企业占据的交易额也达到17.9%之多。能源行业属于重资产、强监管行业，具有资本需求高、投资回报周期长、回报波动率小的特点，对于追求长期稳定回报的投资基金而言是理想的投资对象。其他领域企业的投资额占6.6%，所占比例不高，但投资来源相当广泛，覆盖电气设备、汽车、工程建设乃至房地产等多个行业。在电力行业新业态和商业模式不断涌现的背景下，更多行业的企业正跨界进入，开展电力相关业务。值得注意的是，在以能源企业为投资方的并购交易中，共有14起的投资方为非电力企业，总交易额为56.4亿美元。其中，5起交易的并购方为石油企业，1起为天然气输配企业。以石油企业为代表的能源企业希望通过投资可再生能源发电设施等电力资产的方式实现业务多元化，推动企业整体清洁转型。

　　金融企业倾向通过资产交易方式进入，而其他企业倾向通过企业并购方式进入。在358起资产交易中，280起的投资方为能源企业，占总交易额71.2%；66起的投资方为金融企业，交易额占23.1%；12起的投资方为其他企业，交易额占5.8%。在107起企业并购中，71起的投资方为能源企业，交易额占81.4%；18起的投资方为金融企业，交易额占10.8%；18起的投资方为其他

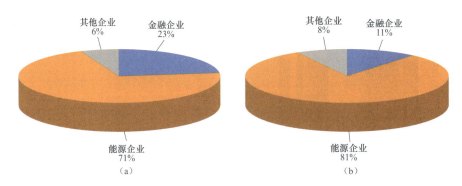

图 1-11　2018 年各类主体投资在全球电力行业资产交易额和企业并购交易额中占比

（a）资产交易额；（b）企业并购交易额

数据来源：GlobalData。

企业，交易额占 7.8％。在电力行业进行投资的金融企业以能源投资基金的方式为主，更倾向以资产交易的方式直接获取资产并进行运营。而其他领域企业由于缺乏进入电力行业所必需的管理经验和技术实力，所以更倾向于并购现有企业的方式进入。

1.2.6　投资领域

从投资领域来看，全球电力行业投资中化石燃料发电投资占比正逐渐降低，而输配电及一批新兴业务领域投资占比趋于提升。 2015－2018 年全球电力行业各细分领域投资额占比见图 1-12。

2018 年，全球电力行业各细分领域投资情况如下：

（1）输配电。 输配电投资额占全球电力行业投资额的比例持续上升，由 2017 年的 15.4％升至 2018 年的 16.9％，超过任何一种发电方式。电网数字化和智能化改造、电网跨国互联、发展中国家电网建设带来巨大需求，使输配电成为目前投资增速最快的环节之一。

（2）风电。 在 2017 年降至 13.1％后，风电占全球电力行业投资额的比例又出现回升，升至 15％，仍是最主要的可再生能源发电方式。欧洲、东亚等地区的海上风电建设提速，促进了风电投资持续增长。

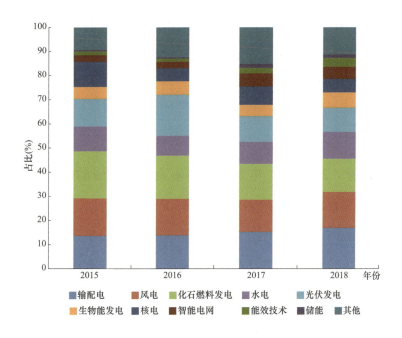

图 1-12　2015—2018 年全球电力行业各细分领域投资额占比

数据来源：GlobalData。

(3) 化石燃料发电。化石燃料发电投资额占全球电力行业投资额的比例由 2017 年的 14.9％降至 2018 年的 13.7％，连续 3 年出现下滑。这主要是由于欧盟以及中国与印度等发展中大国采取了限制煤电发展的政策措施。

(4) 水电。水电占全球电力行业投资额的比例出现上升，由 2017 年的 9.2％升至 11.1％。南亚、非洲发展中国家集中建设一批水电项目，带来水电投资较大幅度提升。

(5) 光伏发电。光伏发电占全球电力行业投资的比例略有下降，由 2017 年的 10.6％降至 10％。中国、日本等亚洲大国调降补贴，以及技术提升所带来的装备成本下降，导致光伏投资占比出现回落。

(6) 核电。由于德国等欧盟国家推动弃核带来的负面政策预期，核电投资占全球电力投资比例进一步下降，由 2017 年的 7.6％降至 5.5％。

(7) 新兴业务。储能、能效、智能电网等领域投资额占比虽然不高，但上升势头十分迅猛。这 3 类新兴业务总投资额占全球电力行业总投资额的比例在

3 年内翻了一番，由 2015 年的 4.7％升至 2018 年的 10.2％。新兴业务是新一轮科技革命和产业变革进程中先进技术与电力产业深度融合的产物，预计未来一段时期内仍将是投资增速最快的领域。

1.2.7 投资收益

从回报率来看，2018 年，电力与公用事业行业投资的回报率高于市场平均水平。2018 年标准普尔全球 1200 指数（S&P Global 1200）与安永全球公用事业指数（EY Global Utilities Index）的总股东回报率（Total Shareholder Rate）全年走势见图 1-13。将两指数走势进行对比发现，标准普尔全球 1200 指数仅在第一季度略高于安永全球公用事业指数，在第二、第三季度均与安永全球公用事业指数大致持平，而在第四季度则大大低于安永全球公用事业指数。由于中美贸易摩擦加剧、美国经济减速和美联储加息等多重原因，第四季度全球股票市场出现大幅下跌，而公用事业指数基本保持稳定。标准普尔全球 1200 指数的第四季度股东整体回报率（TSR）为-13.1％，全年 TSR 为-8.2％；而安永全球公用事业指数的第四季度 TSR 为 0.03％，全年 TSR 为 2.1％，始终保持正收益。电力与公用事业行业投资收益稳定、抗风险能力强的特点得到充分体现。

图 1-13 2018 年标准普尔全球 1200 指数与安永全球公用

事业指数的总股东回报率全年走势

数据来源：安永会计师事务所。

从估值水平来看，**2018 年，亚洲地区电力资产估值最高，发电资产的估值低于一体化资产估值**。2018 年各主要地区电力资产的价值倍数见图 1-14。

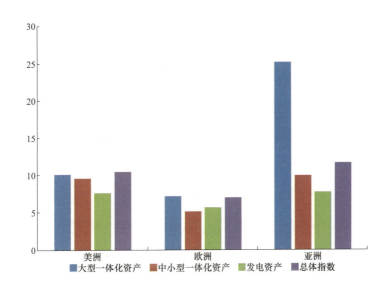

图 1-14　2018 年各主要地区电力资产的企业价值倍数（EV/EBITDA）

数据来源：安永会计师事务所。

（1）美洲地区。美洲地区大型一体化资产的企业价值倍数 EV/EBITDA 为 10.2，中小型一体化资产的 EV/EBITDA 为 9.6。发电资产的 EV/EBITDA 为 7.7，略低于前两者。公用事业资产总体 EV/EBITDA 为 10.5。作为全球电力行业投资并购活动最密集的地区，北美市场的电力资产价格相对较高。

（2）欧洲地区。欧洲地区大型一体化资产的 EV/EBITDA 为 7.2，中小型一体化资产的 EV/EBITDA 为 5.2，发电资产的 EV/EBITDA 为 5.7，公用事业资产总体 EV/EBITDA 为 7.1，在 3 个主要地区中最低。较低的估值体现了欧洲电力市场的活跃程度低于北美市场。

（3）亚洲地区。亚洲地区大型一体化资产的 EV/EBITDA 高达 25.2，中小型一体化资产的 EV/EBITDA 为 10，发电资产的 EV/EBITDA 为 7.8，公用事业资产总体 EV/EBITDA 为 11.7。尽管亚洲地区电力行业投资并购交易的活跃度相对较低，但这一地区巨大的经济发展潜力带来了电力投资的良好前景，从而拉高了资产估值。

1.2.8 新兴业态

2018 年，全球电力行业各类新兴业态继续快速发展，市场规模持续扩张。目前迅速发展的新兴业态主要有：

（1）储能。2018 年，全球已投运储能项目累计装机规模达到 180.9GW，同比增长 3%。技术成熟、成本较低的抽水蓄能技术装机规模最大，达到 170.7GW，占比 94%❶。化学储能增长最快，装机规模同比增长 66.3%，达到 4868.3MW。美国、中国、日本依旧占据储能项目的领先地位，英国、德国等欧洲国家以及印度等新兴市场国家的装机规模增长也十分迅速。目前，储能与光伏发电等技术正加速结合，商业模式渐趋成熟，吸引的投资正逐步增加。

（2）微电网。据估计，2018 年全球微电网市场规模已达到 222.2 亿美元❷。截至 2018 年末，全球已有建设和运营中的微电网项目 2258 个，累计装机规模为 19.58GW。远程微电网是最主要的类型，装机规模约为 7604.4MW。工业和商业微电网、公用事业微电网的装机规模分别为 5542.9MW 和 2307.9MW❸。北美地区目前仍是最大的微电网市场，但发展中国家电力普及的需求同样正在拉动微电网投资。通用电气、雪佛龙等电气设备制造商和电力企业都在积极进军这一领域。

（3）汽车充电。随着电动汽车的销量和保有量快速提升，对充电设施的需求也不断扩张。据估计，2018 年全球汽车充电设施市场的总规模已经达到 53 亿美元❹。中国、美国目前仍是前两大充电服务市场，分别有超过 30 万个和

---

❶ 数据来源：CNESA。
❷ 数据来源：Markets and Markets。
❸ 数据来源：Navigant Research。
❹ 数据来源：Markets and Markets。

7万个充电桩。日本和欧盟国家也具有较大市场容量。全球充电服务市场的竞争主体高度多元化，各国电力企业面临通用、特斯拉、日产等汽车企业，Chargepoint 等专门充电服务提供商以及一些电气设备企业的挑战，跨国竞争、跨界竞争正不断升温。

（4）能源服务。 2019 年，全球能源服务市场的总规模约为 520 亿美元❶。随着综合能源服务技术与新能源发电技术深度融合，发展中国家业务比重提升，能源服务市场还将进一步扩张。各国公用事业企业大都谋划由单一电力提供商向能源服务提供商转变，实现价值链向下游环节进一步延伸。意大利国家电力公司、法国燃气苏伊士集团、莱茵能源等欧洲能源企业目前已在这一领域处于领先地位。西门子、霍尼韦尔等设备提供商也正积极参与这一市场的竞争。

（5）先进信息技术。 可再生能源装机容量的提升以及电动汽车充电、智能电网、节能服务等新业态的发展对电力行业与新一代信息技术的融合提出了更高的要求，电力企业的数字化转型成为大势所趋。不少电力企业向大数据、物联网、人工智能、云计算和移动互联网等领域初创公司进行投资，通过并购整合外部资源，为自身业务赋能。近期世界范围内 3 家主要电力企业在先进信息技术领域的主要并购投资见表 1 - 9。

表 1 - 9　　　　　近期 National Grid、E. ON 和 Enel 在先进
信息技术领域的主要并购投资

收购方	被收购方	投资额（万美元）	经营领域
National Grid	Dragos（美国）	3700	网络安全
	AutoGrid（美国）	3200	分布式能源管理软件
	Aporeto（美国）	2000	网络安全
	Pixeom（美国）	1500	边缘计算平台

❶ 数据来源：Markets and Markets。

31

续表

收购方	被收购方	投资额（万美元）	经营领域
E. ON	Bidgely（美国）	2700	节能服务
	Sight Machine（美国）	未披露	数字制造解决方案，工业物联网平台
	Lumenaza（德国）	280	节能服务
	Tado°（德国）	5000	基于物联网的智能空调
Enel	Ufinet（21%股权，西班牙）	未披露	电信增值服务及云服务
	Enernoc（美国）	25 000	能源管理软件
	Yousave（意大利）	未披露	节能服务

数据来源：GlobalData。

2

欧洲电力行业跨国投资分析

2.1 欧洲电力行业跨国投资概况

2.1.1 投资趋势

（一）基本情况

1. 投资模式

2018 年，欧洲电力行业共发生各类交易 1047 起，总交易额为 2079.58 亿美元。欧洲是全球电力行业年度交易额第二多的地区，仅次于北美洲。欧洲电力行业投资交易的主要模式为企业并购、债务融资和资产交易。其中，资产交易共 452 起，总交易额为 513.42 亿美元；债务融资共 112 起，总交易额为 553.67 亿美元；企业并购共 238 起，总交易额为 766.44 亿美元。无论是资产交易还是企业并购，总交易额相比 2016、2017 两年都有显著提升，说明欧洲电力行业的整合正在加速，电力市场受到更多投资者的关注。2015－2018 年欧洲电力行业各类交易额见图 2-1。

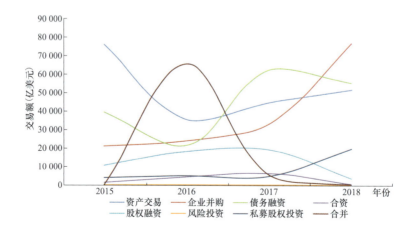

图 2-1　2015－2018 年欧洲电力行业各类交易额

资料来源：GlobalData。

2. 投资领域

2018 年，欧洲电力行业交易额最高的领域仍为风电。风电全年交易共有 418 起，总交易额为 1340 亿美元，相比 2017 年增长 65.4％，增长势头十分迅猛。输配电领域的交易额仅次于风电，全年虽仅有交易 142 起，但总交易额高达 1198.43 亿美元，相比 2017 年增长 41.7％。核能发电与化石燃料发电的总交易额则陷入萎缩，分别仅为 235.69 亿美元和 432.3 亿美元。2015－2018 年欧洲电力行业各领域交易额与增长率见图 2-2。

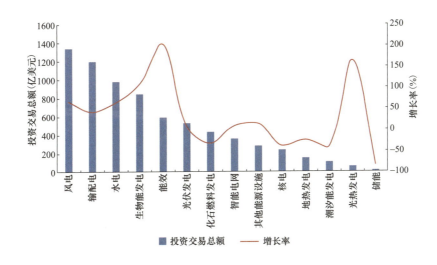

图 2-2　2015－2018 年欧洲电力行业各领域交易额与增长率

资料来源：GlobalData。

3. 投资目的地

2018 年，欧洲电力行业的投资仍主要集中在西欧地区。德国为欧洲最主要的电力行业投资目的地，全年交易虽仅有 137 起，总交易额却高达 701.81 亿美元。这主要是由于年内发生于德国的 RWE 与 E.ON 实施重组等大额交易。英国为第二大投资目的地，全年交易 259 起，总交易额为 331.78 亿美元。由于预期英国将于脱欧后进一步放松能源领域的管制，流入英国的投资有所增加。此外，吸引投资超过 100 亿美元的国家还有西班牙（总交易额为 194.38 亿美元）、法国（总交易额为 175.57 亿美元）、荷兰（总交易额为 112.78 亿美元）和瑞士

（总交易额为 103.6 亿美元）等。2015－2018 年欧洲电力行业各主要国家流入投资额见图 2－3。

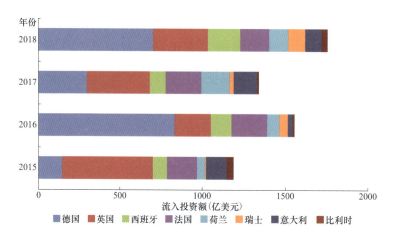

图 2-3 2015－2018 年欧洲电力行业各主要国家流入投资额

资料来源：GlobalData。

（二）主要特点

2018 年 1 月－2019 年 6 月欧洲电力行业典型投资简况见表 2－1。

表 2-1   2018 年 1 月－2019 年 6 月欧洲电力行业典型投资简况

时间	被收购方/投资地	收购方/投资方	交易额（亿美元）	交易方式	业务领域
2018 年 2 月	Gas Natural Fenosa，20.07％股权（西班牙）	CVC Capital Partners Limited，Corporation Financiera Alba SA（英国）	47	企业并购	输配电与燃气
2018 年 2 月	Saeta Yield S. A（西班牙）	TerraForm Power Inc.（美国）	12	企业并购	风电与太阳能发电
2018 年 3 月	50Hertz Transmission GmbH，20％股权（德国）	Elia System Operator NV（比利时）	12	企业并购	输配电
2018 年 5 月	Techem GmbH（德国）	Caisse de depot et placement du Quebec，Ontario Teachers' Pension Plan，Partners Group Holding AG（瑞士）	54	企业并购	能源服务

续表

时间	被收购方/投资地	收购方/投资方	交易额（亿美元）	交易方式	业务领域
2018 年 5 月	Palma del Rio Ⅰ、Palma del Rio Ⅱ，Majadas、Alvarado 和 Orellana 风力发电场（西班牙）、Acciona（西班牙）	ContourGlobal（英国）	13.4	资产交易	太阳能发电
2018 年 5 月	Alto Tamega、Daivoes 和 Gouvaes 水电站（葡萄牙）	Iberdrola, S. A.（西班牙）	12.3	绿地投资	水电
2018 年 7 月	Hornsea One 风力发电场（英国）的 50% 股权、Ørsted（丹麦）	Global Infrastructure Partners（GIP）（美国）	59	资产交易	风电
2018 年 7 月	50Hertz Transmission GmbH，20% 股权（德国）	Elia System Operator SA（比利时）	9.4	企业并购	输配电
2018 年 7 月	Encevo S. A.，25.48% 股权（卢森堡）	南方电网国际（中国）	4.7	企业并购	发电
2018 年 8 月	Triton Knoll 风力发电场（英国）、Innogy（德国）	J‐Power，Kansai Electric Power（日本）	23	资产交易	风电
2018 年 11 月	Eolia Renovables de Inversiones，S. C. R.、S. A.（西班牙）	Alberta Investment Management Corporation（加拿大）	16	收购	风电与太阳能发电
2018 年 12 月	Vesterhav Syd&Nord 风力发电场（丹麦）	Vattenfall（瑞典）	19.3	绿地投资	风电
2019 年 2 月	NovEnergia（卢森堡）	Total Eren（法国）	11.4	企业并购	发电
2019 年 6 月	Livno‐Glamoc‐Grahovo 风力发电场（波黑）	Wpd Adria（德国）	16.9	绿地投资	风电

资料来源：安永、GlobalData。

投资趋势主要特点有：

（1）东欧电力投资趋于增加。

东欧国家基础设施建设相对滞后，投资需求巨大。近年来，在各国营商环境持续改善等因素作用下，流入东欧电力行业的投资正趋于增加。欧盟加快推进电力市场一体化和各国电网互联，提振了东欧国家的电力投资。2018 年，吸引投资最多的东欧国家有保加利亚（12.03 亿美元）、波黑（10.04 亿美元）、乌克兰（7.97 亿美元）、爱沙尼亚（6.89 亿美元）和波兰（4.32 亿美元）等。一些市场容量大、基础设施相对完善、风能和太阳能资源丰富的国家越来越受到投资者的青睐。过去一年中，东欧各国宣布了多个大型发电项目的建设。德国光伏厂商 SUNfarming 宣布，将在波兰罗兹（Lodz）建设装机容量为 40MW 的光伏电站。德国的 Wpd Adria 宣布将在克罗地亚和波黑建设总装机容量为 1.2GW 的 3 个风电项目。挪威的 Scatec Solar 则计划在乌克兰建设装机容量为 47MW 的光伏电站。

（2）储能、电动汽车等新业态快速发展。

2018 年，欧洲能源企业对新技术和新业态的投资热情持续高涨。在各国政府的鼓励下，储能技术和设施继续快速发展，英国和德国在这一领域吸引的外国投资最多。雷诺汽车公司计划在法国和德国建设利用电动汽车旧电池的储能项目，丹麦能源企业 Ørsted 则准备在英格兰建设容量为 20MW 的储能项目。此外，欧盟能源改革法案继续将促进汽车节能减排作为应对气候变化的重点，鼓励了电动汽车充电企业扩大投资、扩展业务。瑞典的大瀑布电力公司（Vattenfall）宣布将向荷兰、挪威和英国等国扩展业务。法国的 Engie 计划在英格兰启动充电站建设，争取在 2023 年前成为全欧最大的电动汽车充电设施运营商。Enel（意大利国家电力公司）、Fortum 等企业也谋划在西班牙、匈牙利等国拓展充电业务。电动汽车充电市场的竞争越发激烈。

（3）传统能源企业积极布局电力行业。

从投资主体来看，欧洲电力行业的投资主体进一步多元化。欧洲范围内的跨国电力投资不仅来自电力企业，也来自其他能源企业。传统能源企业正加速在新能源发电和其他新兴业务领域的布局，推动战略转型。例如，壳牌宣布计划每年投资 10 亿～20 亿美元用于新能源发电，并已经并购德国储能企业

Sonnen。道达尔于 2018 年 9 月并购了法国电动汽车充电服务供应商 G2mobility，又于 2019 年 2 月宣布将与 Ørsted 和 Elicio 联手，在法国建设海上风力发电场。

2.1.2   重大事件

（一）欧盟完成第 4 次能源改革立法

2016 年 11 月，欧盟委员会推出了"欧洲人人享有可再生能源法案包"，开始启动第四次能源改革立法流程。该法案的主要目的是促进欧盟国家能源领域的节能减排，为实现《巴黎协定》将 21 世纪全球气温上升幅度控制在 2℃以内的目标创造条件。"欧洲人人享有可再生能源法案包"包括 8 部法律，分别关于建筑业节能、可再生能源、能源效率、欧洲能源联盟治理、电力监管、电力市场、能源风险和欧盟能源监管合作署改革。其中，前四部法律于 2018 年 4－11 月通过，目前已经生效。后四部法律已于 2019 年 5 月通过，2019 年 7 月－2020 年 1 月陆续生效。

本次能源改革的主要内容有以下几个方面：一是进一步减少碳排放。在本次立法中，欧盟推出了一系列鼓励节能、提高能效、发展可再生能源、限制煤电发展的举措。尽管面临阻力，欧盟仍决定 2025 年后不再对煤电提供容量补贴，表明了促使煤电退出的决心。二是推动建筑节能。欧盟确定了 2050 年实现建筑行业近零排放的路线图，并且规定了税收等方面的措施，鼓励建筑物节能和智能化改造。三是完善欧洲能源联盟治理机制。本次能源改革方案中进一步明确了欧洲能源联盟的治理机制，包括欧盟碳减排目标在各成员国的落实机制、欧盟对各成员国能源政策的审议机制等。四是构建更加灵活的电力市场。欧盟将加快跨国电力市场建设，促进新能源跨国消纳；构建极端情况下跨国电力互相援助机制；赋予电力用户更多选择权。

尽管各成员国间存在一定分歧，欧盟仍完成了此次能源改革立法，体现了推动清洁能源转型的坚定决心。在美国退出巴黎协定的情况下，欧盟起到了全球低碳转型"压舱石"的作用。法案提出的欧盟 2030 年新能源发展的目标稳定了投资者预期,提振了欧洲新能源行业的发展信心。欧洲议会通过法案的当天,欧洲投资银行和国际投资机构即宣布成立 1000 亿欧元的清洁能源投资基金。与此同时,由于法案对煤电持显著负面态度,欧盟煤电的发展前景变得更加黯淡。预计未来将有更多国家加速现有煤电机组的淘汰,将发展方向进一步转向可再生能源发电。

(二)欧盟领导层完成更迭

2019 年 6 月 30 日,欧盟召开特别峰会,28 个成员国领导人开始就下届领导职位人选进行磋商。7 月 2 日,各国领导人就人选名单达成共识,决定提名德国国防部长冯德莱恩(von der Leyen)任欧盟委员会主席,比利时首相米歇尔(Michel)任欧洲理事会主席,国际货币基金组织总裁拉加德(Lagarde)任欧洲央行行长,西班牙外交大臣博雷利(Borrell)任欧盟外交和安全政策高级代表。7 月 16 日,冯德莱恩的提名获得欧洲议会通过,获准出任欧盟委员会主席。四人中,冯德莱恩来自中右翼的欧洲人民党党团(EPP),受德国支持。拉加德为财经专业人士,而米歇尔来自左翼的欧洲自由民主联盟党团(ALDE),两人均受法国支持。博雷利来自西班牙执政的左翼工人社会党,受西班牙支持。

4 位主要领导人均来自欧洲议会的主流政党,受到欧盟主要国家的支持。预计新领导层将大体延续上届领导层的政策方向,继续推行温和的经济社会政策,反对部分成员国的离心倾向,捍卫欧洲一体化进程。在宏观政策方面,欧盟新领导层可能借助强化财政纪律、优化银行体系等方式化解风险,同时继续推进欧盟层面的结构性改革,促进各国服务市场与要素市场的进一步整合。欧洲央行可能继续推行较为宽松的货币政策,以稳定市场预期,为经济增长创造条件。在国际交往中,欧盟将继续奉行自由贸易政策,谋求更多经济一体化安排,抵制美国的保护主义措施。在电力行业,预计欧盟会延续旧的政策路径,继续促进各国电网的互联互通,同时强化统一泛欧电力市场的建设，完善市场机制，扩充交易范围。这些趋势均将有利于欧盟范围内的电力行业投资。

（三）英国脱欧面临不确定性

2018 年以来，英国脱欧进程步履维艰。自 2017 年英欧双方就英爱边界、欧盟在英公民权利、"分手费" 3 大核心议题取得共识后，脱欧谈判进入第二阶段，重点转至贸易领域。2018 年 11 月，英欧双方就脱欧协议文本达成一致，双方立法机构批准后即刻生效。但英国政界对脱欧协议始终存在极大分歧。2019 年 1 月 16 日、3 月 12 日和 3 月 29 日，英国下议院三次就脱欧协议进行表决，结果均否决了协议。4 月 10 日，欧盟就英国脱欧问题召开紧急峰会，宣布将脱欧期限延期至 10 月 31 日。连续失败使特蕾莎•梅领导的保守党政府受到严重打击。5 月 24 日，梅宣布辞去保守党党首职务。7 月 23 日，曾任英国外交大臣和伦敦市长的鲍里斯•约翰逊（Boris Johnson）赢得选举，随后接任首相。约翰逊主张尽快完成脱欧谈判，甚至无协议脱欧。

对英国而言，脱欧将对电力行业投资造成许多负面影响。首先，可再生能源发电等欧盟重点发展的行业将在脱欧后失去欧盟的政策支持，英国本国的政策支持和私人投资能否填补这一空缺尚未可知。其次，英国脱欧后，与欧洲大陆间的关税壁垒和人员流动壁垒有可能升高，对企业的跨国经营十分不利。最后，鉴于新领导人对脱欧态度十分坚决，英国有可能无协议脱欧。这种情况一旦发生，英国能否继续留在欧洲电力市场和电网一体化进程内将成为问题，对电力投资而言是重大的不确定因素。不过，脱欧也可能为英国电力行业带来新的投资机会。首先，核电项目将迎来发展机遇。相对欧盟，英国对核电项目的态度始终较为积极，脱欧后英国将可能以更大力度推进核电行业发展。其次，作为电力净进口国，脱欧后英国有可能采取措施摆脱对外国电力的依赖。这将导致英国扩大电力行业的开放，以吸引外国资本。最后，由于英国具有自由市场经济的传统，脱欧后可能采取更多去管制措施，并推进与外国的投资贸易自由化安排。这将十分有利于外国投资。

（四）欧盟建立外国投资审查机制

2017 年 9 月，欧盟委员会主席容克（Juncker）在欧洲议会首次提出相关议案，要求建立审查外国对欧盟投资并购的制度框架。该议案受到法国、德国和意大利等欧盟主要国家的支持。2018 年 11 月，欧盟各国同意开始起草框架文件。2019 年 3 月，欧盟理事会正式公布了《欧盟外商投资审查条例》（简称《条例》）。该文件制定周期极短，体现出欧盟各国在这一问题上的立场高度一致。

根据《条例》，欧委会将有权审查其认为有可能"影响欧盟利益"的特定外资并购交易，但仅可基于公共安全或公共秩序理由审查。在实践中，对外资的审查权仍属于各成员国，欧委会没有权力直接否决相关交易，但可以向成员国出具意见。成员国需"最大程度地考虑"欧委会意见，如不遵守该等意见则需提供解释。《条例》还规定了成员国和欧委会之间的执法合作和信息交换制度。根据欧委会给出的一份有可能进行审查的详尽清单，其中重要的领域包括有形或虚拟的关键基础设施，如能源、运输、水、健康、通信等以及相关的重要敏感设施和投资；欧盟有关方面所界定的关键技术及军民两用项目，包括人工智能、机器人、半导体、网络安全等；关键原料的供应包括能源或原材料以及食品安全、个人数据等敏感信息、传媒。欧盟基于《条例》的监管将于 2020 年 10 月启动。

根据欧盟委员会给出的详尽清单，能源基础设施属关键基础设施。因此，外国企业对欧盟范围内电力企业的并购将面临《条例》的审查。《条例》对电力领域的非欧盟投资可能带来不利影响。第一，《条例》使电力行业的外资并购可能面临欧盟层面和投资国层面两轮审查，从而增加了审查时间和合规成本。第二，虽然《条例》并未要求各国必须出台外商投资审查机制，但可以预期，在《条例》的引导下，将会有更多国家设立相关机制。2017 年容克提议建立欧盟层面审查机制后，已有多国升级了其审查机制。目前，欧盟范围内有德国、法国、意大利等 14 国设立了相关机制，主要为西欧国家。未来中东欧国家很可能也会引入类似机制。第三，《条例》规定了成员国与欧委会间的信息交换制度。这意味着投资接受国必须向其他欧盟成员国和欧委会通报相关信息。通报过程必然导致交易时间延长，遭到反对的风险增加。虽然其他成员国和欧委会并无权力直接否决交易，但投资接受国的决策必然受到欧盟意见的影响。当前欧洲各国投资审查制度状况见表2-2。

表2-2   欧洲各国投资审查制度状况

尚无审查机制	比利时、保加利亚、克罗地亚、塞浦路斯、爱沙尼亚、希腊、爱尔兰、卢森堡、马耳他、斯洛伐克、斯洛文尼亚
正考虑设置相关机制	捷克、丹麦、荷兰、瑞典
已有审查机制	奥地利、芬兰、波兰、葡萄牙、罗马尼亚、西班牙
2017年后已设立审查机制	匈牙利
2017年后已升级审查机制	法国、德国、意大利、拉脱维亚、立陶宛、英国

资料来源：Rhodium Group，MERICS。

2.1.3 投资前景展望

（一）政治经济环境

从政治环境来看，近期内，欧洲大部分国家政治局势基本保持平稳，但部分国家的政治社会风险和离心倾向不可忽视。 2018年，作为欧盟核心支柱的法国发生严重动荡，"黄马甲"运动令马克龙政府推行的改革进程受阻。其他一些因素同样增加了政治领域的不确定性。德国默克尔宣布将在任期结束后卸任总理，德国内政外交政策能否保持延续性存疑。由于赤字问题，意大利政府与欧盟委员会在财政问题上的摩擦不断升温。波兰、匈牙利等部分东欧国家推行有威权主义色彩的政策，使欧盟内部的价值观冲突进一步加剧。在多种因素共同作用下，欧盟的稳定和团结将面临较为严峻的挑战，欧洲一体化进程可能出现一定程度放缓或停滞。

从经济环境来看，欧洲经济目前仍保持增长，但增长势头正在放缓。 据欧盟统计局发布的数据，2018年欧元区GDP增速为1.8%，较2017年下滑0.7%。法国、德国、意大利等主要经济体的经济增速均出现下滑。尽管经济增长减速，但欧元区失业率仍稳步下降。2018年12月，欧元区失业率降至

7.9%，达到 10 年来最低点。失业率的下降带来消费增长，使欧洲经济在内外因素影响下仍保持增长态势。目前，影响欧洲经济的负面因素主要来自以下方面：一是英国脱欧方式的不确定性。由于国内分歧，英国有可能最终在无协议情况下退出欧盟。这将对人员往来、货物贸易等领域带来严重负面影响，引起市场担忧。二是贸易摩擦。特朗普政府上台以来，推行具有保护主义倾向的贸易政策，多次威胁对欧盟输美商品加征关税。三是债务危机持续。欧洲部分国家的债务水平仍处于高位，特别是意大利债务问题严重，拖累了市场信心。此外，欧洲央行退出量化宽松等其他一些因素同样不利于经济复苏。2018 年内，欧盟与日本、越南、新加坡等国分别签署了自由贸易协定。欧亚合作的动能逐步释放，将有利于缓冲内外部因素带来的不利影响。不过，由于目前的各主要风险于短期内仍将存在，而自由贸易安排释放红利尚需时间，IMF、世界银行等主要金融机构均预计欧盟经济未来数年内有可能出现进一步下滑。

（二）电力行业发展前景

欧洲国家占全球装机容量的比重将出现下降。根据 IEA 预测，到 2050 年欧洲 OECD 国家在全球电力消费中的占比将从今年的 16.6% 降至 2050 年的 14.3%，落后于中国的 16.1%。欧洲经济合作与发展组织（OECD）国家总装机容量将从 2016 年的 1169.4GW 上升至 2050 年的 1402.6GW，年均增长率为 0.5%，低于 1.2% 的世界平均增速。不过，尽管电力总需求增长相对缓慢，欧洲电力行业对投资的需求仍将相对旺盛。目前，西欧多个发达国家的电力基础设施相对老化，而东欧国家的电力基础设施相对薄弱，且全欧盟都面临提升电网互联互通程度与推动清洁能源转型的挑战。这些因素使欧洲国家仍将成为投资的热点目的地。根据国家能源署（IEA）估计，2017—2040 年间欧洲电力行业投资总规模约为 29 600 亿美元，占全球电力行业投资总额的 15%，仅次于亚太地区所占比重的 51%，高于北美洲和非洲所占比重。期间的发电领域投资约为 19 300 亿美元，而电网投资约为 10 310 亿美元，两者分别占总投资的 65% 和 35%。

欧洲的能源转型步伐将进一步加快，气电、风电继续取代核电、煤电。在第四次能源改革立法进程中，欧盟提出 3 个重要目标，即 2030 年可再生能源在一次能源消费中占比达到 32%、能源利用效率提高到 32.5%、碳排放量比 1990 年减少 40%。2018 年 11 月发布的《所有人的清洁星球：欧盟长期战略愿景》提出，能效、可再生能源、天然气、碳捕捉封存技术、储能等是下一步需要重点发展的领域。目前来看，燃气发电因具备运行灵活、环境友好等优点，未来仍将是欧盟重点发展的发电方式。风力发电则是欧洲具有资源禀赋和技术优势的领域，同样具有良好的发展前景。在各国越发重视安全性、清洁性的背景下，核电、燃煤发电将逐步退出。

根据 IEA 统计，当前燃气发电在欧洲 OECD 国家装机容量中的占比最高，为 21.75%。其他主要发电方式，燃煤发电为 18.05%、水电为 14.89%、风电为 13.59%、太阳能发电为 10.52%、核电为 9.61%，见表 2-3。环境影响较小、运行灵活、造价低廉等原因决定了燃气发电仍将作为欧盟主要的发电方式，预计 2030 年和 2050 年的装机容量分别占 18.92% 和 25.15%，与全球水平大致持平。风电将超过水电成为欧洲最主要的可再生能源发电方式，在装机容量中占比预计将提升到 2030 年的 17.57% 和 2050 年的 19.21%，领先于全球水平。在其他几种发电方式中，太阳能发电在装机容量中的占比将缓慢上升，水电占比大致保持平稳，核电和燃煤发电则将逐步退出。

表 2-3   2018、2030 年和 2050 年欧洲 OECD 国家装机容量构成   %

类型	欧洲 OECD 国家		
	2018 年	2030 年	2050 年
燃气发电	21.75	18.92	25.15
燃煤发电	18.05	16.45	14.46
核电	9.61	7.73	4.12
水电	14.89	17.09	15.69
风电	13.59	17.57	19.21
太阳能发电	10.52	11.31	11.61

资料来源：IEA。

（三）电力行业市场结构

目前，欧洲电力行业发展趋势呈现交易机制多样化、电源清洁化、市场规范化等几方面特点。第一，交易机制的多样化。欧盟电力市场是全球最成功的区域电力市场。经过 20 多年的发展，欧盟已经建成了以框架指引和网络规范为共同运行规则、以 7 个区域电力市场为交易主体的跨境日前市场和较为完善的跨国辅助服务市场。目前，欧盟正在推进跨境日内市场的完善，并争取更多国家纳入跨境市场。全欧电力市场的整合将为电力的跨国交易提供更大便利，增强欧洲电力市场对外国投资的吸引力。第二，注重新能源发展。欧盟十分重视环境与气候问题，将促进电力的清洁能源转型作为重要任务，现已明确提出到 2050 年，将可再生能源发电占比将提升至 80% 以上。欧盟将新能源发电与统一电力市场建设、智能电网建设、电网互联互通等问题统筹考虑，通过更大范围、更高水平的资源优化配置推动新能源电力消纳。欧盟电力体制正朝着有利于可再生能源发电的方向不断发展。第三，电力市场规范性不断提升。作为电力改革的先行者，欧盟国家的电力行业已十分成熟、规范，市场高度开放，监管体制健全，能够有效确保公平竞争。欧盟要求控制电力输送系统的实体必须确保其独立于电力生产业务的任何部分，以防输电企业利用其市场地位歧视竞争对手。未来，欧盟还有可能进一步推动厂网拆分。公平的市场环境十分有利于投资者。

2.2 欧洲电力行业跨国投资典型案例

2.2.1 Hornsea 1 海上风电场交易

2018 年 7 月，丹麦电力企业 Ørsted 宣布，将出售位于英国沿海的海上风电场 Hornsea 1 的 50% 股权，收购方为美国著名的基础设施投资基金——全球基础设施合作伙伴（Global Ifrastructure Partners，GIP）。交易的总金额约为 59 亿美元。Hornsea 1 于 2018 年 1 月启动建设，预计于 2020 年全部投入使用。

该风电场的装机容量超过 1.2GW，是世界上最大的海上风电场，建成后将为超过 100 万户家庭供电。Ørsted 将根据工程总承包（EPC）合同继续建造风电场，为风电场提供长期运营和维护服务，并负责出售 Hornsea 1 产生的电力。Ørsted 希望通过本次交易实现风电资产的股权多元化，从而降低持有单一资产规模过大的风险。GIP 则希望通过本次交易强化在欧洲新能源发电市场的布局。

Ørsted 的总部位于丹麦哥本哈根，前身为丹麦石油与天然气公司（Danish Oil and Natural Gas，DONG）。该公司主要经营海上风电、生物能源发电和垃圾发电等业务，同时也涉足综合能源服务业务。Ørsted 在海上风电领域具有强大竞争力，占有全球市场约 25％的份额，为 950 万人供电。Ørsted 拥有目前世界上已建成的最大海上风电场 Walney Extension，该项目装机容量达到 659MW。

GIP 的总部位于美国纽约，是一家基础设施投资基金，主要在能源、交通、供水和垃圾处理等领域进行投资，管理的资金超过 510 亿美元。GIP 目前持有 Ørsted 在德国的其他两个海上风电场 Gode Wind 1 和 Borkum Riffgrund 2 各 50％的股份。

2.2.2　Triton Knoll 海上风电场交易

2018 年 8 月，德国能源企业 Innogy 宣布，将向日本 J－Power 和关西电力公司（Kansai Electric Power）两家企业出售其位于英国的 Triton Knoll 海上风电项目 41％股权，以为项目建设筹集资金。Innogy 仍将持有 59％的多数股权，并负责建设、管理和维护工程。Triton Knoll 发电厂位于英国林肯郡海岸 32km 外，总装机容量为 860MW，是欧洲最大的海上风电场之一，运营后将可为 80 万英国家庭提供电力。该项目附属的陆上变电站等设施现已开始建设。预计项目将于 2019 年底开始海上施工，2021 年投运。由于日本国内市场近年来规模增长速度比较有限，日本电力企业正加快海外投资的步伐，欧洲迅速发展的可再生能源发电市场成为日本企业的重要目标之一。本次交易显示出日本电力企业对欧洲市场的浓厚兴趣。

Innogy 是德国莱茵能源公司（RWE）的子公司。2016 年，莱茵能源公司将自身的可再生能源发电业务和电网业务拆分出来，归入新建的 Innogy。2018 年，莱茵能源公司与意昂公司（E.ON）实施大规模重组，Innogy 将输配电业务售予 E.ON，同时接手了 E.ON 的可再生能源业务，转型为纯粹的可再生能源发电企业。Innogy 成立后，在国际市场动作频频，致力于吸引外国资本，加速业务扩张。

J-Power 的主业为电力工程咨询，2004 年以来也在海外经营发电业务。该公司在 6 个国家拥有 36 个发电厂，以火电为主。关西电力则是日本第二大电力企业，是区域性的发电、输电、配电、售电的垂直一体化的电力公司，负责大阪、京都、奈良、和歌山等地区的供电。

2.2.3 Total Eren 收购 NovEnergia

2019 年 2 月，法国新能源发电企业 Total Eren 公司宣布，将收购卢森堡发电企业 NovEnergia 公司。交易已于 2019 年 3 月全部完成。据估计，这笔并购交易的交易额约为 11.35 亿美元。近期，Total 等油气巨头在新能源发电领域动作频繁。这次收购将促进 Total Eren 旗下发电资产的多元化，并显著增强其在意大利、西班牙等南欧国家的市场地位。

NovEnergia 成立于 2001 年，总部位于卢森堡，专门经营发电业务。该企业原为可再生能源投资基金，2010 年以来转型为电站运营商。企业拥有 47 个发电站，包括风电、太阳能发电和小型水力发电，总装机容量为 657MW。NovEnergia 的业务主要集中在葡萄牙、意大利、西班牙等南欧国家，在法国、波兰和保加利亚也有一定规模的业务。

Total Eren 成立于 2012 年，总部位于法国巴黎，是能源企业道达尔（Total）专营可再生能源发电的子公司。该公司承载着道达尔从石油业务为主转向可再生能源业务为主的重要使命。Total Eren 目前已拥有包括风电、水电和太阳能发电在内的大量发电资产，在建和运营的总装机容量超过 1300MW。该公司成立以来扩张迅速，其目标是在 2022 年拥有总装机容量 3000MW。

3

亚洲和大洋洲电力行业跨国投资分析

3.1 亚洲和大洋洲电力行业跨国投资概况

3.1.1 投资趋势

（一）基本情况

（1）投资模式。

2018 年，亚洲与大洋洲电力行业共发生各类交易 1034 起，总交易额为 1594.2 亿美元。尽管亚洲与大洋洲是目前全球发电量最多的地区，但电力行业交易相比之下却显得不够活跃，交易额少于欧洲和北美洲。企业并购、债务融资和股权融资为最主要的投资模式。2018 年，区内共有企业并购 119 起，总交易额为 522.6 亿美元；债务融资 262 起，总交易额为 500.5 亿美元；资产并购 329 起，总交易额为 218.0 亿美元。在债务融资规模上升的同时，资产交易和企业并购两类交易的总交易额相比 2017 年均有所回落，表示亚洲与大洋洲电力行业投资正处于相对低迷的阶段，流入资金减少。2015－2018 年亚洲与大洋洲电力行业各类交易额见图 3-1。

（2）投资领域。

2018 年，亚洲与大洋洲电力行业交易额最高的领域仍为化石燃料发电。化石燃料发电领域全年交易数量为 273 起，总交易额虽有所下滑，但仍高达 762.69 亿美元，高于其他发电方式。风电和光伏发电的交易数分别为 274 起和 423 起，总交易额分别为 478.68 亿美元和 445.5 亿美元，基本保持稳定。输配电领域全年交易 208 起，总交易额为 428.02 亿美元，相比 2017 年有所回落。水电全年交易 217 起，总交易额为 425.55 亿美元，稳定上升。核电和生物能发电的交易数量分别为 80 起和 99 起，总交易额均出现萎缩，分别为 180.17 亿美元和 120.25 亿美元。新兴业务领域中，储能和智能电网交易数量分别为 56 起和 77 起，总交易额分别为 76.16 亿美元和 180.04 亿美元。2015－2018 年亚洲与大洋洲电力行业各领域交易额与增长率见图 3-2。

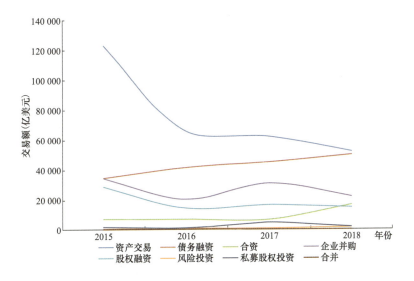

图 3-1　2015—2018 年亚洲与大洋洲电力行业各类交易额

资料来源：GlobalData。

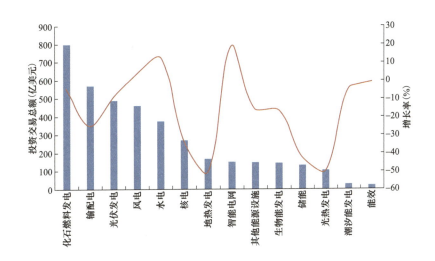

图 3-2　2015—2018 年亚洲与大洋洲电力行业各领域交易额与增长率

资料来源：GlobalData。

(3) 投资目的地。

2018 年，区内电力行业投资流入最集中的地区仍为南亚地区。南亚的印度为区内最大的投资目的地，共发生交易 170 起，总交易额高达 274.38 亿美元，大大超过区内其他国家。另一南亚发展中大国孟加拉国则为区内第三大投资目的地，共发生交易 16 起，总交易额为 108.27 亿美元。电力市场高度开放的澳大利亚是区内第二大投资目的地，总交易额为 185.69 亿美元。东亚的日本和韩国分列第 4 位和第 5 位，总交易额分别为 102.23 亿美元和 92.87 亿美元。其他交易额在 10 亿美元以上的国家还有泰国（59.71 亿美元）、越南（55.01 亿美元）、印度尼西亚（46.98 亿美元）、马来西亚（21.09 亿美元）和菲律宾（19.03 亿美元），均分布在东南亚地区。2015－2018 年亚洲与大洋洲电力行业各主要国家流入投资额见图 3-3。

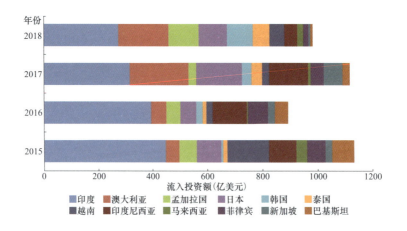

图 3-3　2015－2018 年亚洲与大洋洲电力行业各主要国家流入投资额

资料来源：GlobalData。

（二）主要特点

2018 年 1 月－2019 年 6 月亚洲与大洋洲电力行业典型投资简况见表 3-1。

表 3-1　　2018 年 1 月－2019 年 6 月亚洲与大洋洲电力行业典型投资简况

时间	被收购方/投资地	收购方/投资方	交易额（亿美元）	交易方式	业务领域
2018 年 5 月	中国台湾，彰化海上风力发电场	Orsted（丹麦）	129.7	绿地投资	风电

续表

时间	被收购方/投资地	收购方/投资方	交易额（亿美元）	交易方式	业务领域
2018 年 12 月	Ke Ga 海上风力发电场，越南	Enterprize Energy（英国）	120	绿地投资	风电
2018 年 2 月	Green Power Trugaru GK，日本	Pattern Energy Group Inc.（美国）	2	企业并购	风电
2018 年 1 月	ReNew Power Ventures Pvt. Ltd，6.3％股权，印度	Canada Pension Plan Investment Board（加拿大）	2.5	企业并购	风电与太阳能发电
2018 年 11 月	Prayagraj Power Generation Company Limited，75.01％股权，印度	Resurgent Power Ventures Pte Limited（新加坡）	8	企业并购	燃煤发电
2018 年 11 月	Paju Energy Service Co.，Ltd.，49％股权，韩国	Electricity Generating Public Company Limited（泰国）	8	企业并购	燃气发电
2018 年 5 月	新竹海上风力发电场，中国台湾	亚洲水泥集团（中国台湾），Copenhagen Infrastructure Partners K/S（丹麦）	20.5	绿地投资	风电
2018 年 5 月	Moheshkhali 煤电站，孟加拉国	孟加拉国电力发展局（孟加拉国），中国华电香港（中国香港）	20	绿地投资	燃煤发电
2018 年 2 月	Bac Lieu、Soc Trang、Ca Mau 风力发电场，越南	Superblock Public Co Ltd（泰国）	17.5	绿地投资	风电
2019 年 5 月	Arun III 水电站，尼泊尔	SJVN Limited（印度）	12	绿地投资	水电
2018 年 10 月	Karam - Asrit 水电站，巴基斯坦	Korea Hydro & Nuclear Power（韩国）	10	绿地投资	水电
2018 年 11 月	SKS Power Generation，印度	Agritrade（新加坡）	3	企业并购	燃煤发电

资料来源：GlobalData、安永。

投资趋势主要特点如下：

（1）煤电、水电等传统能源发电领域投资集中。

尽管大部分亚洲国家均制定了实现发电清洁能源转型的计划，但由于经济快速发展带来电力需求迅速上涨，可再生能源发电并不能完全填补亚洲国家的电力缺口。因此，亚洲各国依然积极发展传统能源发电项目。出于资源禀赋原因，煤电、水电项目是亚洲国家吸引外国投资的重点，印度、孟加拉国、越南等发展中人口大国尤其依赖煤电。中国华电集团有限公司（简称"中国华电"）和孟加拉国政府宣布，将斥资 20 亿美元在孟加拉国新建多个煤电项目。日本丸红和韩国韩电完成了 18.7 亿美元的融资，以推动在越南 Nghi Son 装机容量 1200MW 的煤电项目。印度政府对新建煤电项目所持态度较为审慎，导致投资流入资产并购领域，SKS Power Generation、Prayagraj Generation 等发电企业均被外国投资者并购。南亚的水电项目同样吸引了不少投资者。2018 年，巴基斯坦和印度的新增水电装机容量分列全球第 3 位和第 7 位，开发潜力巨大。挪威国家电力公司（Statkraft）等一批能源企业宣布了在印度、巴基斯坦投资的意向。

（2）海上风电投资迎来爆发。

亚洲和大洋洲是全球范围内太阳能发电投资最密集的地区之一，相比之下，区内的风力发电发展相对落后。2018 年，这一趋势初步得到改变。日本、越南和中国台湾等具有较长海岸线的国家和地区充分利用风能资源禀赋优势，吸引海上风电投资。年内亚洲和大洋洲地区新增的规模最大的几个项目均为东亚和东南亚的海上风电。2018 年内，沃旭能源（Ørsted）投资的彰化海上风电场、亚洲水泥集团与哥本哈根基础建设基金（Copenhagen Infrastructure Partners K/S）投资的新竹海上发电场等多个项目在中国台湾启动。英国的 Enterprize Energy 宣布，将投资 120 亿美元在越南的吉格建设海上风电场，装机容量为 3400MW。意昂集团（E. ON）宣布，将于 2019 年在日本设立分支企业，通过与日本电力企业合作的方式参与海上和陆上风电项目的建设。美国的 Pattern

Energy 则宣布将在日本建设容量为 33MW 的海上风力发电场。

3.1.2 重大事件

（一）"一带一路"建设成效初显

2018 年是"一带一路"倡议提出五周年。"一带一路"倡议的国际关注度持续提高，合作范围和深度进一步拓展。"一带一路"与蒙古、越南、俄罗斯等国发展战略的对接工作积极推进，一批双多边对话合作会议顺利召开，标志着中国与沿线国家的战略对接与沟通已逐步进入机制化、常态化轨道。部分发达国家与中国在"一带一路"框架下的第三方市场合作也迈出了积极步伐。**在基础设施"硬"联通方面，**中巴、中蒙俄等经济走廊框架下的互联互通建设加快推进，一些关键性项目建设取得重大进展。**在制度"软"联通方面，**沿线国家在投资、贸易等方面的标准、机制对接取得重要成果，包括《区域全面经济伙伴关系协定》在内的一批自由贸易协定正在谈判中。在能源领域，2018 年 10月，"一带一路"能源部长会议在中国苏州举行，各国能源部长就能源投资便利化、能源大宗商品贸易畅通和未来能源等问题展开了讨论，宣布将争取于2019 年正式成立"'一带一路'能源合作伙伴关系"，促使沿线各国在能源领域的战略合作进一步制度化。

"一带一路"建设逐步深入，将显著改善沿线国家电力行业投资环境。

一是电力行业开放。随着沿线区域经济一体化进程推进，沿线国家很可能扩大电力行业开放，改革迄今为止较为封闭的电力体制。外国资本将有更多机会进入沿线国家电力生产消费的各个环节，通过参与电力设施建设和运营发电、输电等资产的方式获利。

二是电网互联互通。"一带一路"沿线国家的电力生产与电力消费存在显著的空间不匹配，联网发展潜力巨大。各国电网互联将为电力产品的跨国、跨区域销售提供便利，使电力行业的跨国投资拥有更加广阔的产品市场。

三是一系列标准、机制对接。电力标准和机制相互对接是"一带一路"能源合作的重要组成部分。目前，沿线国家电力行业应用标准不一，管理和技术水平参差不齐，给电力合作带来很大困难。标准和机制对接有助于促进进一步的技术、装备和设计兼容，破除妨碍电力投资跨国流动的壁垒。

（二）亚洲各国对核电的态度回暖

2012 年东日本大地震后，福岛第一核电站发生放射性物质泄漏。这次严重事故引起了公众的普遍担忧，也促使亚洲国家重新审视核电发展规划。许多国家宣布放缓或停止核电项目建设，一些国家更宣布未来将有序淘汰本国的核电站，实现发电结构的无核化。不过，2018 年以来，亚洲各国对核电的态度有所改观。东南亚和南亚国家以更大力度推动核电发展。2019 年 4 月，印度原子能部宣布，近期将启动 12 座新核电站的建设，从而完成 2031 年前新增 21 座核电站的目标。越南于 2016 年搁置首批核电站建造计划后，又于 2018 年 3 月与印度签署谅解备忘录，决定共同在越南境内推动核电项目。东亚国家和地区的弃核计划也出现倒退。2018 年全年，日本重启了 5 台核电机组，以填补国内电力缺口，扭转对化石燃料的依赖。目前，日本国内运行的核电机组已达到 9 台，供应全国约 3%电力。2018 年 3 月，中国台湾再次启动第二核能发电厂 2 号机组运营，以缓解电力短缺形势。亚洲主要国家中，目前只有韩国仍在推行去核电政策。不过，去核电政策正遭到越来越强大的反对，公众和业界普遍担忧弃核将使韩国更加依赖进口化石燃料，造成发电成本上升。

由于各国具体情况不同，未来一段时间内，亚洲国家核电的发展很可能将出现分化。在南亚地区，为了满足经济迅速增长带来的电力需求提升，预计各国政府仍将积极吸引外国投资进入核电项目，促进非核能源与核能共同发展。印度、巴基斯坦、孟加拉国 3 国将成为主要的核电投资目的地。在东南亚地区，越南等国家也有可能进一步推进核电项目，扭转对化石能源的过度依赖。在东亚地区，由于电力需求增长相对较慢，且公众对核电仍有较大程度的担忧，预计短期内新上马的核电项目将十分有限。不过，由于东亚地区普遍依赖进口化石能源，各国有可能进一步放慢弃核的步伐，以确保电力供应的稳定。转向依赖核电，可能导致各国政府对可再生能源发电、燃气发电等非核能源的支持力度在一定程度上相对降低。同时，由于国内市场发展前景有限，拥有先进核电技术的日本、韩国等国企业有可能更加注重开拓东南亚、南亚等核电市场，加剧这些市场的竞争。

3.1.3　投资前景展望

（一）政治经济环境

从政治环境来看，近期内亚太地区各国政局基本稳定，且安全形势有所缓和。在东亚，朝鲜半岛局势出现积极变化，美朝两国领导人举行多次会谈，就若干重要问题开展谈判。双方显示出改善关系的积极意愿，使长期紧绷的朝美、朝韩关系均有所好转。在南亚，印度现任总理莫迪领导的人民党于2019年4—5月的议会选举中获得大胜，将在接下来的5年中继续执政。舆论普遍相信印度政府将延续现有政策大力发展经济，并推动市场化改革。在东南亚地区，各国政府对恐怖主义和极端主义保持高压态势，有效遏制了极端思潮蔓延，维护了社会稳定。不过，长期存在于亚太地区的印巴冲突、朝核问题等热点问题依然未得到化解，矛盾在一定条件下还有可能发生激化。近期内，亚洲安全形势仍有不可忽视的不确定性。

从经济环境来看，亚太各国经济将继续以较快速度增长。据IMF估计，2018年，亚洲发展中国家的经济增速达到6.4%。尽管中国、日本等主要东亚经济体的增速放缓，但印度、孟加拉国和越南等发展中大国的增速均达到7%以上，有效拉动了地区经济增长。近期以来，印度等亚洲大国积极推行结构改革，着力扩大市场开放，使增长动能获得充分释放。与此同时，亚洲国家在经济一体化领域积极布局，"一带一路"建设逐渐深入，区域全面经济伙伴关系（RCEP）谈判进程有序推进；投资贸易壁垒的降低和各类软硬基础设施的对接将有利于亚洲经济进一步整合，并对冲全球范围内的贸易摩擦风险。当前，亚洲经济也面临一些风险和挑战。中国、日本和韩国等东亚主要经济体的增速放缓，对亚洲地区的传统带动作用出现一定程度下降。美国推行保护主义政策导致全球贸易摩擦升温，同样有可能对价值链高度一体化的亚太经济造成打击。不过，由于东南亚和南亚国家的增长势头强劲，预计亚太地区仍将保持稳健的经济增长。据 IMF 预测，亚洲发展中国家 2019 年的增速将达到 6.3%，与 2018 年基本持平。印度将继续作为全球增长最快的主要经济体，带动区域经济增长。越南、菲律宾、孟加拉国等国的增速虽可能有所放缓，但还将保持在 6%～7% 的区间内。未来一段时间内，东南亚和南亚仍将是全球经济活力最强、增速最快的区域。

（二）电力行业发展前景

亚洲和大洋洲国家在全球装机容量中的占比将持续上升。预计 2018－2050 年，区内装机容量年均增长率为 1.32%，高于 1.2% 的世界平均增速。亚洲发展中国家的平均增速将达到 1.7%。亚洲和大洋洲国家的总装机容量预计将从 2018 年的 3209.1GW 升至 2030 年的 3834.8GW 和 2050 年的 4884.5GW，约占全球装机容量的 1/2。亚洲地区快速的经济增长需要不断扩张的发电能力作为支撑。预计 21 世纪上半叶，亚洲仍将是全球电力投资最密集的地区。根据 IEA 的预测，2017－2040 年，亚洲电力投资规模约为 98 610 亿美元，占全球电力行业投资的比例高达 51%，远高于其他任何区域。其中，发电投资约为 56 480 亿美元，占比 57.3%；电网投资为 42 310 亿美元，占比 42.7%。

亚洲和大洋洲电力行业长期内将维持新能源和传统能源并行发展的局面。区内能源的低碳清洁转型将进一步深化，以风力发电和光伏发电为主要代表的可再生能源发电的份额将显著上升。不过，由于可再生能源难以满足亚洲迅速扩张的电力需求，加之亚洲许多国家的化石能源储量丰富，燃气发电、燃煤发电仍将是很多亚洲国家重点发展的对象。燃煤发电在装机容量中所占份额将明显下降，从 2018 年的 47.55% 降至 2030 年的 41.06% 和 2050 年的 34.24%，见表 3‑2。尽管如此，燃煤发电仍将是最主要的电力来源，装机容量远超过其他发电方式，所占比例大大高于全球平均水平。水电、燃气发电为第二、第三大发电方式，所占份额变化不大。风电和太阳能发电的增长将大致与全球保持同步，预计装机容量占比从 2018 年的 7.35％和 5.21％升至 2050 年的 13.66％和 12.19％。核电至 2050 年将超过全球平均水平，升至 5.95％。

表 3-2　　 2018、2030 年与 2050 年亚洲和大洋洲各国装机容量构成　　　　 ％

项目	2018 年	2030 年	2050 年
燃气发电	13.97	12.62	14.28
燃煤发电	47.55	41.06	34.24
核电	2.96	4.63	5.95
水电	15.50	15.17	14.55
风电	7.35	10.71	13.66
太阳能发电	5.21	9.50	12.19

资料来源：IEA。

（三）电力行业市场结构

亚洲和大洋洲各国的电力体制存在很大差别，但转向开放的趋势明显。 大洋洲的澳大利亚和新西兰已经基本形成发电、输电、配电、售电分离的管理体制，并建立了包括批发市场和金融市场在内的电力市场体系。相比之下，亚洲国家的电力体制改革较为滞后。但大部分亚洲国家都在积极推进电力改革，力图建立现代化、高效率的电力体制。印度和日本积极推动电力体制改革。印度现已形成政企分开、各环节分开的组织结构，并建立了包括长期市场和短期市场在内的多层次交易市场。印度电力行业的各环节都已向外部资本开放，政府积极鼓励企业进入输配电环节。日本正推动进一步打破电网区域垄断体制，完全放开发电侧和售电侧，彻底完成电力行业各个环节的分离。其他一些国家近年来也取得了不少进展。巴基斯坦虽未实现输配电环节开放，但鼓励私人企业进入发电环节，电力交易的市场化水平也在逐步提高。印度尼西亚的电力生产和输送主要由印尼电力公司控制，但政府近年来一直推动各环节的开放。越南宣布将对国有的越南电力集团实施拆分，在发电领域引入更多竞争。缅甸于 2008 年启动电力改革之后，私营领域投资不断上升，于 2017 年已与国营投资持平。未来一段时间内，预计亚洲各国将促进发电环节更大规模开放，以引入外国资本进入本国电力行业；同时，部分国家也将尝试放开配电、售电环节，建立一系列电力市场化交易机制，以营造富有吸引力的市场环境。

3.2 亚洲和大洋洲电力行业跨国投资典型案例

3.2.1 孟加拉国莫斯卡里燃煤发电项目

2018 年 5 月，中国华电香港有限公司在孟加拉国首都达卡与孟加拉国电力发展局举行莫斯卡里岛（Moheshkhali Island）燃煤电站项目合资协议签约仪式。根据协议，中国华电香港有限公司与孟加拉国电力发展局将按照建设-拥有-运营（BOO）模式共同开发孟加拉国吉大港煤电项目，双方各持股 50%。该项目拟建设两台 66 万 kW 超超临界机组，装机总容量达 132 万 kW。该项目预计将在 4 年内投产，投资约 20 亿美元，30% 由双方企业投资，70% 由贷款提供。孟加拉国经济发展迅速，人口密集，面临电力供应缺口。以煤电为代表的传统能源是解决电力瓶颈的有效手段，是孟加拉国政府吸引外资的重点领域。

中国华电香港有限公司是中国华电的全资子公司，于 2006 年 6 月在香港注册成立。按照中国华电战略定位，中国华电香港有限公司是中国华电"走出去"战略的实施主体、境外投资主体、资本运作平台，以及对外贸易和交流的服务窗口。它的主要职能包括国际能源市场调查、信息搜集、经济形势分析，境外能源项目的调研、论证、投资以及股权管理等。

孟加拉国电力发展局为电力、能源和矿产资源部下属机构，共有员工约 1.6 万人。该局作为市场上的单一买方购买电力，并在全国城市地区经营配电、售电业务。同时，该局也经营发电业务，拥有总装机容量为 22 051MW 的发电资产，以燃气发电为主。莫斯卡里岛距孟加拉国第二大城市吉大港的直线距离约为 100km。孟加拉国政府计划将该岛建设成为"能源岛"，为吉大港及周边地区提供电力。

3.2.2　越南吉格海上风电项目

2018 年 12 月，英国企业 Enterprize Energy 宣布，计划投资 1.2 亿美元建设和开发位于越南中南部平顺省吉格（Ke Ga）附近海域的升龙（Thang Long）海上风电场，总装机容量为 3400MW。目前，投资方设定的目标是 2022 年底完成 600MW 装机容量的升龙一号项目初始建设并实现并网发电。2023－2026 年间，升龙二～五号风电项目将陆续投入运行，装机容量均为 600MW；最后投运的升龙六号风电项目装机容量则为 400MW。2019 年 1 月，越南宣布将该项目正式纳入第七轮国家电力发展总体规划。6 月，Enterprize Energy 宣布，该项目已获得考察许可证，将尽快展开考察，并根据考察结果制定补充的规划报告、环境报告、项目可行性报告等。越南电源结构高度依赖煤电，升龙项目是越南首个海上风电项目，是越南政府推进电源结构多样化努力的一部分。Enterprize Energy 成立于 2009 年，主要经营自然资源开发和清洁能源发电业务，包括石油、天然气、海上风电、陆上风电和火力发电等。其创始人伊安·哈顿（Ian Hatton）所创立的 Eclipse Energy 曾主导了装机容量为 150MW 的英国奥蒙德（Ormonde）海上发电场的开发。它在中国台湾的子公司玉山能源正与加拿大海上风电建设公司 Northland Power 合作开发海龙风电场。

3.2.3　加拿大养老金计划投资委员会收购 Renew Power Ventures 部分股权

2018 年 3 月，加拿大养老金计划投资委员会（Canada Pension Plan Investment Board，CPPIB）向印度发电企业 Renew Power Ventures 投资 2.47 亿美元，以获取印度发电企业 Renew Power Ventures 6.3％的股权。本次交易由 AZB & Partners 担任交易顾问。Renew Power Ventures 计划用这次股权交易获得的资金支持其对另一家印度发电企业 Ostro Energy 的收购计划。近期，印度大力推动煤电建设，以满足经济增长需求。快速发展中的印度煤电市场正引起国际财务投资者的关注。

Renew Power Ventures 成立于 2011 年，是印度最大的可再生能源发电企业，目前的可再生能源发电装机容量超过 6000MW，主要为风电和太阳能发电项目。该公司在印度 8 个邦拥有超过 100 个发电厂，发电量占印度总发电量的 1％。近年来，该公司正处于快速扩张阶段。为筹措发展资金，该公司积极引入国际投资者。目前，高盛集团、阿布扎比投资局、日本东京电力与中部电力的合资公司 JERA 等都是该公司的海外股东。

CPPIB 成立于 1997 年，是全球养老基金行业实力最强的运营者之一。2018 年，该机构投资的净回报率高达 11.6％。2019 年第一季度，机构管理的基金规模达到 3920 亿加元。该机构奉行高度多元化的投资策略，海外投资约占 85％，加拿大国内投资占比仅为 15％。电网、油气管道、交通、供水等基础设施是投资的重点领域，在总投资中占比约为 8.0％。

4

美洲电力行业跨国投资分析

4.1 美洲电力行业跨国投资概况

4.1.1 投资趋势

（一）基本情况

（1）投资模式。

2018 年，美洲地区电力行业共发生各类交易 1546 起，总交易额达为 2825.19 亿美元。债务融资、资产交易和并购是美洲电力行业投资的主要模式。其中，债务融资共 247 起，总交易额为 947.07 亿美元；资产交易共 520 起，总交易额为 639.9 亿美元；并购交易共 236 起，总交易额为 630.12 亿美元。无论从交易额还是交易量来看，美洲地区都是全球电力行业投资规模最大的地区。最近 4 年，美洲地区的电力行业投资额基本保持稳定，说明这一地区的市场已经较为成熟，市场规模变化不大。2015－2018 年美洲地区电力行业各类交易额见图 4-1。

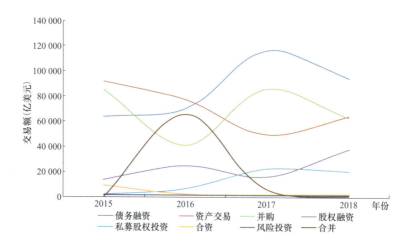

图 4-1 2015－2018 年美洲地区电力行业各类交易额

资料来源：GlobalData。

（2）投资领域。

2018 年，美洲地区电力行业交易额最高的领域为输配电。这一领域的交易额逐年攀升，达到交易额 1592.16 亿美元，全年交易 424 起。化石燃料发电的交易额紧随其后，为 1380.45 亿美元，交易共 283 起。风电和光伏发电的交易额均有所提升，分别达到 1036.96 亿美元和 926.18 亿美元。核电和水电的交易额则略有下降，分别为 656.76 亿美元和 668.51 亿美元。在新兴业务领域中，智能电网和能源基础设施的投资额相对较高，分别为 428.54 亿美元和 457.45 亿美元。储能设施的交易额则增长最快，已达到 180.61 亿美元。2015—2018 年美洲电力行业各领域交易额与增长率见图 4-2。

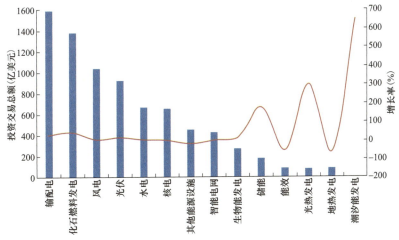

图 4-2　2015—2018 年美洲电力行业各领域交易额与增长率

资料来源：GlobalData。

（3）投资目的地。

2018 年，美洲地区电力行业投资仍高度集中于北美两大发达国家。美国仍为区内最主要的电力行业投资目的地，共发生交易 1031 起，总交易额为 2082.99 亿美元。总交易额虽较上年有所下降，但仍占美洲地区约 3/4 之多。加拿大为区内第二大投资目的地，共发生交易 197 起，总交易额为 324.68 亿美元。拉美国家电力市场投资活跃度相对较低。巴西电力行业投资全年总交易额达 235.74 亿美元，为拉美地区最主要的投资目的地。其他主要的投资目的地还有智利（总交易额为 79.81 亿美元）、墨西哥（总交易额为 66.81 亿美元）、阿根廷（总交易额为 37.13 亿美元）、哥伦比亚（总交易额为 35.89 亿美元）和秘鲁（总交易额为 11.96 亿美元）等。2015－2018 年美洲各主要国家电力行业流入投资额见图 4 - 3。

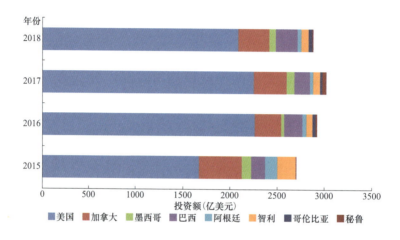

图 4 - 3　2015－2018 年美洲各主要国家电力行业流入投资额

资料来源：GlobalData。

（二）投资趋势

2018 年 1 月－2019 年 6 月美洲电力行业典型投资简况见表 4 - 1。

表 4 - 1　　2018 年 1 月－2019 年 6 月美洲电力行业典型投资简况

时间	被收购方/投资地	收购方/投资方	交易额（亿美元）	交易方式	业务领域
2018 年 5 月	Entre Rios 风力发电场，智利	Mainstream Renewable Power（爱尔兰）	5	绿地投资	风电
2018 年 6 月	Electropaulo Metropolitana Electricidade de Sao Paulo，90.4％股权（巴西）	Enel（意大利）	20	企业并购	输配电
2018 年 10 月	Lincoln Clean Energy（美国）	Orsted（丹麦）	5.8	企业并购	风电
2018 年 11 月	Palen 光伏电站，美国	EDF Renewable Energy（法国）	10	绿地投资	光伏发电

续表

时间	被收购方/投资地	收购方/投资方	交易额（亿美元）	交易方式	业务领域
2018 年 11 月	Johnson Controls（美国）	Brookfield Business Partner（加拿大）、Caisse de depot et placement du Quebec（加拿大）	132	资产交易	能源服务
2019 年 1 月	Alpek（墨西哥）	CounterGlobal（英国）	8	资产交易	热电联产
2019 年 1 月	High Lonesome 风力发电场，美国	Enel Green Power（意大利）	6	绿地投资	风电
2019 年 1 月	Enel（意大利）	中广核能源国际（中国）	7.8	资产交易	光伏发电、风电
2019 年 2 月	Lagoa dos Ventos 风力发电场，巴西	Enel（意大利）	8.2	绿地投资	风电
2019 年 2 月	Marlim Azul 燃气电站，巴西	皇家壳牌石油（荷兰）、Patria Investmentos（巴西）、三菱日立电力系统（日本）	7	绿地投资	燃气发电
2019 年 5 月	SOO Green 输电项目，美国	Direct Connect Development(澳大利亚)、Copenhagen Infrastructure Partners（丹麦）、Jingoli Power（美国）、Siemens Financial Services（德国）	25	绿地投资	输配电
2019 年 5 月	Emera Maine（美国）	Enmax（加拿大）	13	企业并购	输配电

资料来源：安永、GlobalData。

投资趋势主要特点如下：

（1）北美可再生能源投资持续高涨。

2018 年以来，尽管特朗普当局一改奥巴马时期大力发展可再生能源的政策路线，努力推动化石能源开发利用，但美国各州政府及能源企业对可再生能源发电的投资热情并无减退迹象。北美大陆的太阳能和风能资源储量均十分丰富，随着新能源技术持续进步，光伏发电和风电的价格竞争力持续上升，吸引了不少外国投资者进入。据估计，仅在美国，企业购买的风能和太阳能电力达到 6.4GW，大大高于 2017 年的 2.78GW。法国 EDF Renewable Energy 宣布接手加利福尼亚州的帕伦（Palen）项目，将投资 10 亿美元建设光伏电站。意大利 Enel Green Power 投资 6 亿美元在得克萨斯州 High Lonesome 建设风电项目。丹麦能源企业 Orsted 投入 5.8 亿美元，从 I Square Capital 手中并购了风电企业 Lincoln Clean Energy。除此以外，国际投资者还进入一些与新能源发电密切相关的输配电项目。澳洲 Direct Connect Development、德国西门子等企业组成的联合体宣布，将投入 25 亿美元建设 SOO Green 项目。该项目的输电线路总长 349 英里，连接艾奥瓦与伊利诺伊两州。

（2）南美扩大开放促使外资流入输配电环节。

2018 年以来，以巴西为代表的拉美国家持续推动电力市场开放，以吸引外资进入本国电力行业，缓解政府面临的财政压力。外国投资者在拉美市场购买了大批输配电资产。2018 年 6 月，巴西对一批输电资产和新能源发电资产进行拍卖，总交易额约为 24 亿美元。2018 年 12 月，巴西再次举行大规模拍卖，出售了 13 个州总计 7152km 输电线路的运营权权，总交易额达 34.3 亿美元。印度 Sterlite Power、西班牙 Iberdrola 和中国国家电网有限公司等一批企业在拍卖中均有斩获。意大利 Enel 公司则购买了圣保罗大都会电力公司 90.4% 的股权，成为巴西最大的输电服务提供商。此外，国际投资者在可再生能源发电领域也表现得相当活跃。意大利 Enel Green Power 宣布，将投资 8.2 亿美元在巴西建设拉各亚多斯文托斯（Lagoa dos Ventos）风力发电场。爱尔兰 Mainstream Renewable Power 则宣布，将在智利的比奥比奥（Bio Bio）投资 5 亿美元建设装机容量为 310MW 的风力发电场。

4.1.2 重大事件

（一）美国通过 CFIUS 改革法案

2017 年以来，美国政府及国会两院酝酿对财政部下属的外国投资委员会（Committee on Foreign Investment in the United States，CFIUS）进行改革。

该委员会由 11 个政府机构的人员组成，主要职责是对外国企业并购美国企业的交易进行审查，以防止并购交易对美国国家安全造成不利影响。2018 年 7－8 月，美国参众两院先后通过《外国投资风险评估现代化法案》。这是 2007 年通过《外国投资和国家安全法案》之后对 CFIUS 程序作出的最大规模的修改。在管辖权方面，《法案》扩大了受管辖交易的范围。原有法律只授权 CFIUS 审查导致外国"控制美国商业"的并购交易，而在新《法案》的规定下，CFIUS 不仅审查使外国获得控制权的交易，还能够审查部分非控制性交易，包括敏感设施附近的房地产交易以及涉及关键技术、关键基础设施或美国公民个人敏感信息业务的交易。在强制申报方面，CFIUS 有权规定某些受管辖交易必须进行强制简化申报。当外国政府在投资者中持有直接或间接实质性利益时，交易必须进行申报。在技术管制方面，法案规定，CFIUS 应与其他多个机构进行协作，确定应受管制的"新兴技术"的范围。《法案》要求，美国商务部应与其他国家进行合作，争取将针对新兴技术的管控国际化。在国别待遇方面，《法案》规定，CFIUS 可指定针对不同国家的细化规则。

对美国电力行业投资而言，CFIUS 改革可能带来以下几方面影响：

一是部分国家企业在美国的并购交易可能遇到更大阻力。《法案》要求，CFIUS 应对来自某些特定国家的投资者予以更多关注，并可引入特殊的审批流程。各界普遍认为，这一规定主要瞄准的是中国及某些中东国家的投资者，美国对并购交易影响国家安全的担忧集中在这些国家身上。预计《法案》实施后，中国及中东国家的投资者将面临更为严格的审查，交易也更易于遭到否决。

二是选取投资方式更加困难。电力资产属于关键的能源基础设施，一直是 CFIUS 审查的重点领域。在《法案》实施后，在这一领域的非控制权交易也将被纳入管辖范畴，电力企业不再能够以少数股权投资的方式绕过审查。

三是针对关键技术的管制可能进一步强化。《法案》规定，CFIUS 有权会同其他机构共同划定关键技术的范畴。电力行业的各项技术由于与重要的电力基础设施紧密关联，很可能被划入关键技术范围。在第一批确定的需要强制申报的技术名单中，发电、配电和特种变压器制造技术已经名列其中。这一趋势表明，未来美国不仅将在输配电环节加强对外国并购交易的投资力度，还可能强化对电气设备制造等环节的管制。储能、分布式能源和电动汽车等新兴业务领域也很有可能成为管制对象。

（二）特朗普政府继续调整能源政策

2017 年特朗普政府上台执政以来，对奥巴马政府大力推动可再生能源开发利用的政策作出调整，将美国能源战略的重心由可再生能源转向化石能源清洁利用。在特朗普政府的构想中，去管制将充分释放能源产业的增长活力，使能源产业成为美国经济和就业岗位增长的重要支柱，并使美国摆脱对进口能源的依赖，实现能源安全与能源独立。美国多位政府高官表达了继续推动化石能源开发的决心。2018 年 3 月，美国能源部长佩里（Perry）发表讲话，将美国能源政策概括为"能源新现实主义"。佩里指出，美国能源政策的核心是通过技术创新实现能源独立。以一系列新技术为依托，将可以实现煤炭的清洁化利用以及天然气和其他化石能源的低碳利用。美国内政部长津克（Zinke）指出，环保、清洁、安全是美国能源生产的发展方向。美国的能源监管要鼓励和支持能源生产，而不能成为负担；油气基础设施项目的审批速度要在实质上提升。2018 年 8 月，美国环保署发布"平价清洁能源计划（Affordable Clean Energy Rule）"，以取代奥巴马时期的"清洁电力计划（Clean Power Plan）"。该计划的重点是提升燃煤电厂的效率，允许各州在改善环境的前提下降低合规成本。该计划允许各州自行制定燃煤电厂的排放标准，以延长其使用寿命，而不再要求各州推动燃煤电厂退出运行。在政策支持下，美国的化石能源生产持续增长，2018 年已成为世界第一大产油国。

美国能源战略的转向有可能带来以下几方面的重要影响：

一是化石能源发电投资有可能继续上升。在"页岩气革命"的推动下，天然气、原油等化石能源的生产近年来稳步增长，价格随之下降，刺激了一批化石能源发电项目的建设。特朗普政府推动化石能源生产发展的政策预计将带来化石能源价格的进一步下降，从而拉升化石能源发电特别是天然气发电的投资。对于美国煤电而言，尽管衰落淘汰的大趋势已经难以改变，但"清洁能源计划"等政策的实施仍有可能有效延缓煤电退出进程。

二是可再生能源替代进程可能出现放缓。美国政府对化石能源的"松绑"同时伴随着对可再生能源支持的减少。特朗普政府已多次调整政策，降低对可再生能源开发利用的支持力度。尽管美国许多州和地方的政府仍在推行自己的可再生能源发展战略，但联邦政府长期以来都是可再生能源发展最主要的资助者。联邦政府撤回支持，必将对美国的可再生能源替代进程形成不利影响。

三是可能拖累全球的能源转型进程。过去几十年内，美国始终是全球可再生能源开发利用的重要领军者之一。在巴黎协定框架内，以美国为首的发达国家应对发展中国家的节能减排工作给予资金等方面的支持。美国转向传统能源发展战略并退出巴黎协定，意味着美国在可再生能源发展方面对全球的示范作用将大打折扣，对其他国家能源转型在资金和技术上的支持也将出现中断。

（三）博索纳罗当选巴西总统

2018年10月，在巴西大选第二轮投票中，社会自由党的候选人博索纳罗（Bolsonaro）获得55.63%的选票，从而当选为新一任巴西总统。博索纳罗是20世纪80年代以来当选的首位来自右翼政党的总统。博索纳罗表现出解决巴西经济问题的较高热情，推崇自由市场理念，倾向于去管制和对外开放政策。在税收政策方面，博索纳罗主张大幅简化税制并降低税率，鼓励中小型企业和外国企业。在国际贸易领域，博索纳罗主张降低进口税率，降低和取消各类非关税壁垒。在劳动保护方面，博索纳罗主张降低人力资源成本，增强劳动市场灵活性，以激发中小型企业的经济活力。在私有化方面，博索纳罗主张继续上届政府推行的私有化进程，推动国有资产的股权出售或整体出售。执政以来，博索纳罗政府采取了多方面的自由化措施，如促使南方共同市场与欧盟签署自由贸易协定、推动航空等领域向外资开放、成立了专门委员会推动巴西加入经合组织（OECD）、扩大向英美等国的免签政策以及简化企业注册流程等。博索纳罗政府的政策已经取得一些积极成果。在 2019 年世界银行公布的营商环境报告中，巴西排名升至第 109 位，比上一年度升高了 16 位。

预计博索纳罗政府的政策将对巴西电力行业的外国投资形成进一步的利好。一是私有化政策需要外国企业参与。巴西长期奉行左翼经济政策，国有部门在经济中占比较高。近年来，为了改善财政状况、提升国有资产运行效率，巴西政府持续推动私有化进程，吸引外国投资者参股乃至购买国有企业。巴西电力资产的存量较大，且国有比例高，是私有化的重点领域。博索纳罗当选前已表示，要促进巴西电力公司的私有化。二是减税和去管制政策十分有利外国投资。巴西复杂的税制和较高的税率一直以来对外国投资起着显著的阻碍作用。博索纳罗政府上台以来，已经在改善营商环境方面取得了一些积极进展。一旦博索纳罗承诺的减税议程得以落实，必将更大程度鼓励外国投资进入巴西。

在竞选期间，博索纳罗发表的部分言论对中国在巴西的投资活动持负面态度，甚至以"经济侵略"形容。不过，当选总统后，博索纳罗仍展现出较为务实的态度，表示愿与中国强化经贸合作，并进一步拓展合作领域。博索纳罗政府采取的这一立场对中国企业在巴西拓展业务比较有利。

4.1.3 投资前景展望

（一）政治经济环境

由于一系列减税、去管制和扩大支出措施对经济形成有效刺激作用，北美经济总体向好，但近期有放缓可能。 据 IMF 统计，2018 年，美国经济增速达 2.9%，为 2016 年以来的最高。由于油气价格下跌等因素，加拿大经济表现疲软，增速仅为 1.8%。尽管美国经济增速上扬，但贸易摩擦等因素带来的不确定性仍不可忽视。2018 年以来，特朗普政府打着公平贸易的旗号推行保护主义政策，频繁掀起贸易摩擦，对欧盟、墨西哥和加拿大的钢铁和铝征收关税，又多次对中国产品加征关税。但两党在国际贸易领域均持强硬立场，预示着美国的保护主义政策将在很大程度上得以延续。由于贸易领域不确定性加剧、减税政策红利释放殆尽等因素，市场普遍预期北美经济即将放缓。据 IMF 估计，2019 年美国经济增速将降至 2.3％，加拿大增速更将降至 1.5％。

拉丁美洲经济增长乏力，主要经济体表现乏善可陈。据 IMF 估计，拉丁美洲 2018 年 GDP 增速仅为 1.0％。巴西和墨西哥的增速分别为 1.1％和 2.0％，与 2017 年大体持平。阿根廷则陷入严重经济困难，全年衰退 2.5％。拉美国家经济结构单一，抗风险能力较弱，且普遍面临较为沉重的贸易赤字和财政赤字压力。因此，市场对拉美经济复苏的前景普遍缺乏信心。2018 年，全球贸易摩擦升温，委内瑞拉陷入严重社会动荡，墨西哥政权则落入激进左翼掌握，这些因素进一步增加了拉美地区的不确定性。拉美经济目前的主要利好来自巴西的政府更迭。新上台的博索纳罗政府主张促进投资贸易自由化、扩大对外开放、减少管制并降低税率，将有可能带来营商环境的明显改善。据 IMF 预测，2019 年，巴西的 GDP 增速将上扬至 2.1％，并带动拉美经济增速回升至 1.4％。不过，墨西哥、智利、秘鲁等国的增速仍将出现下滑，阿根廷则会继续陷于衰退。

（二）电力行业发展前景

美洲在全球电力消费中的占比将基本保持稳定。北美洲占比将从 2018 年的 17.96％降至 2030 年的 16.78％，2050 年则将回升至 17.94％；南美洲的占比则将从 2018 年的 6.04％降至 2030 年的 5.80％，2050 年进一步降至 5.57％。北美洲的电力市场相对较为开放，但北美两国经济社会发展程度已经很高，且市场竞争格局稳定，投资需求增长空间有限。拉丁美洲国家经济发展水平相对北美洲较低，未来的增长空间较大。

北美的电源结构演变呈现鲜明的"脱煤"特征。燃煤发电占装机容量的比例将从 2018 年的 20.79％降至 2030 年的 14.37％，进一步降至 2050 年的 9.33％，见表 4-2。占比上升最快的将是太阳能发电，从 2018 年的 4.08％升至

2030 年的 9.43％和 2050 年的 21.55％。风电占比将先升后降，于 2030 年达到
12.55％，2050 年则为 11.71％。核电占比将在 2030－2050 年间大幅下降，至
2050 年降至 4.58％。燃气发电、水电的占比变化不大。**拉美的电源结构变化幅
度则十分有限**。占比上升最快的是风电，将由 2018 年的 3.80％升至 2030 年的
6.69％和 2050 年的 7.33％，见表 4 - 3。太阳能发电将由 2018 年 0.57％升至
2030 年的 1.36％和 2050 年的 1.47％，比例依然很小。燃煤发电占比将出现下
降，由 2018 年的 5.10％降至 2030 年的 4.35％和 2050 年的 4.00％。水电、燃
气发电两种主要发电方式及核电的占比则将大致保持稳定。

表 4 - 2　　　　　　2018、2030 年与 2050 年北美国家装机容量构成　　　　　　％

类型	2018 年	2030 年	2050 年
太阳能发电	4.08	9.43	21.55
风电	8.26	12.55	11.71
水电	12.58	12.13	10.22
核电	8.63	8.02	4.58
燃煤发电	20.79	14.37	9.33
燃气发电	34.58	35.86	37.49

资料来源：IEA。

表 4 - 3　　　　　　2018、2030 年与 2050 年拉美国家装机容量构成　　　　　　％

类型	2018 年	2030 年	2050 年
太阳能发电	0.57	1.36	1.47
风电	3.80	6.69	7.33
水电	40.95	41.71	43.07
核电	1.20	1.80	1.28
燃煤发电	5.10	4.35	4.00
燃气发电	30.41	28.88	29.46

资料来源：IEA。

（三）电力行业市场结构

美洲电力行业的改革起步较早，大部分国家实施各环节分开的电力体制，
并建立了较为完善的监管法规体系和监管机构。在 1992 年开始的电力改革中，

美国实施了发电端放开，促进投资主体多元化；实现了厂网分开结算的运营机制；建成了规划与市场结合、物理与金融交易结合的电力批发市场。加拿大的阿尔伯塔、安大略等省份也为对接美国电力市场进行了相关改革。在拉丁美洲、墨西哥、巴西、阿根廷和哥伦比亚等主要国家的电力体制也基本都已完成改革。通过改革，拉美几个主要国家基本确立了各环节分开的电力体制，发电环节已具有相当高的开放性，输配电环节也不同程度地向社会资本开放。此外，这些国家还建立了电力交易市场体系及相关管理机构。预计未来主要美洲国家将继续保持开放自由的电力体制，同时不断完善电力市场体系。

4.2 美洲电力行业跨国投资典型案例

4.2.1 美国帕伦光伏电站项目

2018 年 11 月，法国电力公司（EDF）的子公司 EDF Renewable Energy 宣布，将投资 10 亿美元在加利福尼亚州河滨县（Riverside）的帕伦（Palen）建设风力发电场。该发电场的装机容量为 500MW。EDF Renewable Energy 计划将项目的技术路线由原有的塔式光热发电改为光伏发电。该项目预计于 2020 年前建成。同月，EDF Renewable Energy 和壳牌能源北美公司签署了为期 15 年的购电协议，协议涉及帕伦（Palen）项目装机容量为 100MW 的一部分。

北美太阳能资源储藏丰富，是实施大规模开发的理想区域。但由于环境保护等因素干扰，北美许多太阳能项目的推进面临很大阻力。帕伦项目的发展就屡经波折。该项目选用的聚光光热技术，可能导致较大环境影响，引起环境保护组织的担忧。此外，主导企业多次破产，进一步加剧了项目延宕。2010 年，德国企业首次提交开发申请，但该公司于 2012 年破产，导致项目搁置。BrightSource 公司和西班牙阿本戈（Abengoa）公司先后收购该项目，但均无实质性进展。2015 年，阿本戈公司破产后，该项目又陷入长期停滞。直至 2018

年，EDF Renewable Energy 接手后，帕伦项目才取得明显进展。

4.2.2 巴西拉各亚多斯文托斯风力发电场项目

2019 年 2 月，意大利国家电力公司（Enel）的子公司 Enel Green Power 宣布，将在巴西东北部皮奥伊州的拉各亚多斯文托斯（Lagoa dos Ventos）建设风力发电场。该风电场的总投资为 8.17 亿美元，装机容量达到 716MW，是拉丁美洲最大规模的风力发电项目，也是 Enel Green Power 在全球范围内最大的风电项目。Enel Green Power 将全部以自有资金推动项目建设。这一风力发电场共包括 230 台机组，全年发电量预计超过 3.3TW•h，将减少 160 万 t 二氧化碳排放。目前，该风电场 510MW 的装机容量已签订了为期 20 年的长期供电合同，剩余的 206MW 装机容量将在自由市场上零售。拉美国家传统上高度依赖水电，但由于近年来干旱频发，不少国家加速推进新能源发电项目。因国内市场规模较大、电力体制开放，巴西成为跨国企业投资的理想选择。

Enel Green Power 成立于 2008 年，是意大利国家电力公司（Enel）专营可再生能源发电的子公司。目前，该公司在全球 29 个国家开展业务，经营的电站超过 1200 个，总装机容量超过 43GW。水电是 Enel Green Power 经营的最主要发电方式，但风电在该公司发电资产中的比重近年来增长十分迅速。目前，Enel Green Power 主要在欧洲和美洲开展业务。南美是 Enel Green Power 的重点市场。该公司在巴西、秘鲁、阿根廷、智利和哥伦比亚等国均开展业务，拥有装机容量总共 13.3GW，仅次于欧洲地区的 21.4GW。

4.2.3 Enel 收购巴西圣保罗大都会电力 73.4% 股权

2018 年 6 月，意大利国家电力公司（Enel）宣布，已通过其全资子公司 Enel 巴西东南投资（Enel Brasil Investimentos Sudeste）完成对圣保罗大都会电力公司（Electropaulo Metropolitana Electricidade de Sao Paulo）73.4% 股权的收购。这笔交易涉及的总金额约为 16.21 亿美元。在竞购中，Enel 击败了

Energias、伊维尔德罗拉（Iberdrola）等竞争对手。与此同时，Enel 从美国 AES 集团手中收购了 Enel 圣保罗大都会电力公司其余 17% 的股权。Enel 宣布，未来还将向圣保罗大都会电力注资 15 亿欧元，以充实后者资本。近年来，拉美国家输配电市场开放程度不断提升，吸引了一大批国际投资者的注意。本次交易将有效帮助 Enel 巩固其在巴西输配电市场的地位。这笔交易完成后，Enel 将取代中国国家电网控股的 CPFL Energias Renovavies，成为巴西最主要的电力分销商。AES 集团则将在本次交易完成后彻底退出巴西的输配电业务，转向发电资产和储能等新兴业态。

圣保罗大都会电力公司是巴西圣保罗州最主要的电力企业之一。该公司的前身是巴西国有的垄断企业 EletroPaulo。该公司约有 580 万消费者，营业地区包括圣保罗大都会区的 24 个市镇，覆盖面积约为 4500km^2，覆盖人口 2000 万人。

5

非洲和中东电力行业跨国投资分析

5.1 　非洲和中东电力行业跨国投资概况

5.1.1 　投资趋势

（一）基本情况

(1) 投资模式。

2018 年，非洲与中东地区电力行业共发生各类交易 222 起，总交易额为
298.51 亿美元。资产交易、债务融资和股权融资是主要的交易模式。2018 年全
年，区内资产交易共 111 起，总交易额为 231.89 亿美元；债务融资和股权融资
交易额则分别为 44.08 亿美元和 11.5 亿美元。相比其他地区，非洲和中东地区
的电力行业投资交易额十分有限，说明这一地区的电力设施建设水平还很低。
由于电力体制较为封闭、存量资产较少等原因，非洲和中东电力市场的主要交
易方式是资产交易，企业并购等其他地区常见的交易模式在总交易额中只占很
少一部分。2015－2018 年非洲与中东地区电力行业各类交易额见图 5-1。

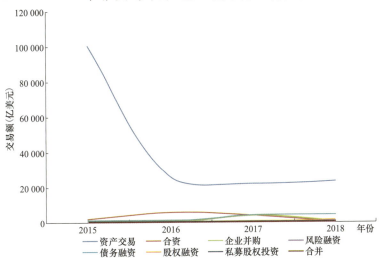

图 5-1 　2015－2018 年非洲与中东地区电力行业各类交易额

资料来源：GlobalData。

（2）投资领域。

2018 年，非洲与中东地区电力行业交易额最高的领域仍为化石燃料发电。化石燃料发电领域全年发生交易 41 起，总交易额为 114.37 亿美元。不过，2015 年以来，化石燃料发电的投资交易额连续下滑，而可再生能源发电的投资额则持续上升，风电、水电和光伏发电的交易额都达到历史最高。2017 年出现回落后，风电和光伏发电的交易额都出现反弹，分别达 70.92 亿美元和 65.23 亿美元，交易数分别为 94 起和 37 起。水电的交易额连续第二年上升，达到 66.04 亿美元，交易数共有 15 起。2015－2018 年非洲与中东地区电力行业各领域交易额与增长率见图 5-2。

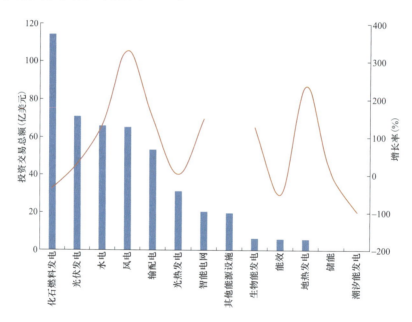

图 5-2　2015－2018 年非洲与中东地区电力行业各领域交易额与增长率

资料来源：GlobalData。

（3）投资目的地。

中东与非洲地区的电力行业投资分布相对分散，各国吸引的投资规模均较为有限。区内最大的电力行业投资目的地为中东地区的阿联酋，2018 年全年总交易额达 49.83 亿美元。北非的发展中大国埃及为第二大投资目的地，全年总

交易额为 36.83 亿美元。撒哈拉以南非洲的两大经济体尼日利亚和南非分列第
三位和第四位，总交易额分别为 34.62 亿美元和 20.99 亿美元。其他主要的电
力行业投资目的地还有沙特阿拉伯（总交易额为 20.01 亿美元）、以色列（总交
易额为 13.98 亿美元）、巴林（总交易额为 15.7 亿美元）和坦桑尼亚（总交易
额为 10.74 亿美元）等。2015—2018 年非洲与中东地区各主要国家电力行业流
入投资额见图 5-3。

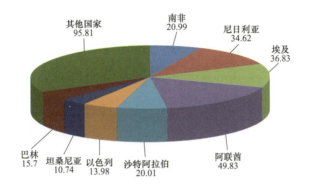

图 5-3　2015—2018 年非洲与中东地区各主要国家电力行业流入投资额（单位：亿美元）

资料来源：GlobalData。

（二）投资趋势

（1）各国积极吸引绿地投资。

非洲和中东国家的电力行业发展水平不高，基础设施存量比较有限，同时
电力体制大多较为封闭。因此，绿地投资而非资产和企业并购成为非洲和中东
地区电力行业跨国投资的最主要形式，见表 5-1。未来数十年内，非洲和中东
地区将迎来较为快速的经济和人口增长，这对电力供应的增加提出了很高要
求。区内许多国家正努力吸引外国资本进入发电和输配电环节，缓解本国技
术和资本不足的难题。非盟建立了非洲基础设施发展计划（PIDA），由非洲
发展新伙伴关系规划和协调机构（NEPAD）具体执行。根据 PIDA 发布的报
告，NEPAD 已将 18 个大型电力项目列为重点能源项目，为这些项目的可行性
研究、前期规划、融资提供直接支持，并吸引全球投资者的参与。多哥政府提

出，要在 2030 年前吸引 17 亿美元私人资本进入电力行业。布基纳法索、博茨瓦纳和赞比亚政府都宣布将把本国未来的新能源发电项目向外国开放，并欢迎外国资本进入。非洲国家的引资努力已经获得了大国的积极回应。2018 年，中国国家能源局与非盟签署合作备忘录，宣布将在"一带一路"框架内共同推动 PIDA 和非盟《2063 年议程》旗舰项目，并筹建中非能源合作中心。美国则启动了"撒哈拉以南非洲天然气路线图"，希望于 2030 年前在肯尼亚、坦桑尼亚、科特迪瓦等 9 个国家天然气发电项目上投资 1750 亿美元，新增 1.6 万 MW 的燃气发电能力。

表 5 - 1　　2018 年 1 月—2019 年 6 月非洲与中东地区电力行业典型投资简况

时间	被收购方/投资地	收购方/投资方	交易额（亿美元）	交易方式	业务领域
2018 年 3 月	Roggeveld 风力发电场、Kruisvallei 水电站，南非	Building Energy（英国）	4	绿地投资	风电、水电
2018 年 3 月	Mohammed bin - Rashid 光伏电站，阿联酋	Dubai Electricity and Water Authority（DEWA，阿联酋）；ACWA Power Barka SAOG（沙特阿拉伯）	31	绿地投资	光伏发电
2018 年 5 月	Rovuma 燃气电站，莫桑比克	GL Africa Energy UK（英国）	4	绿地投资	燃煤发电
2018 年 5 月	Osudoku 风力与光伏电站，加纳	Investeringsfonden for Udviklingslande（丹麦），Emerging Markets Power（英国）	1.7	绿地投资	风电、光伏
2018 年 6 月	Ebonyi 水电站，尼日利亚	Hodges & Bakersfield Limited（美国）	30	绿地投资	水电
2018 年 6 月	Hewani 风电场，坦桑尼亚	Windlab（澳大利亚）	3	绿地投资	风力发电
2018 年 8 月	Jebel al - Zayt 风力发电场，埃及	ACWA Power International（沙特阿拉伯）	6	绿地投资	风电

续表

时间	被收购方/投资地	收购方/投资方	交易额（亿美元）	交易方式	业务领域
2018 年 10 月	苏伊士湾风电场，埃及	Abu Dhabi Future Energy（阿联酋），EL Sewedy Electric Company（沙特阿拉伯）	3.5	绿地投资	风电
2019 年 2 月	Nxuba 风力发电场，南非	Enel Green Power（意大利）	2.3	绿地投资	风电
2019 年 4 月	Amaria 水电站，几内亚	特变电工（中国）	11.5	绿地投资	水电
2019 年 6 月	Manhica 风力发电场，莫桑比克	国家能源投资集团（中国）	1.2	绿地投资	风电
2019 年 6 月	Mwale 光伏电站，肯尼亚	MCX Environmental Energy（美国）	1	绿地投资	光伏发电

资料来源：安永、GlobalData。

（2）分布式电源、微电网等领域投资活跃。

非洲国家的电力普及率普遍较低，"通电"需求十分迫切。但非洲国家骨干电网建设相对滞后，政府普遍财力不振，以传统方式在短期内提升电力普及率存在很大困难。此外，相当一部分非洲国家人口稀少，居住密度低，扩展输配电网无利可图。因此，不少跨国投资者转向分布式能源设备、微电网等非传统业务，试图以较为低廉的成本为非洲国家特别是农村地区提供电力供应。尝试进入这一领域的既有发电和电网企业，也有电气设备制造企业。2019 年 6 月，美国通用电气宣布将在刚果民主共和国建设离网系统，系统将组合燃油发电和光伏发电技术，并应用通用电气的智能电网技术。美国 Renewvia Energy 公司则宣布将在肯尼亚的两个岛屿上建设垃圾发电离网系统，以取代原有的煤油和柴油发电系统。在市场迅速发展的刺激下，非洲大陆已有一些从事微电网、分布式能源等业务的专门机构发展起来。2019 年 7 月，非洲首个微网融资机构 CrossBoundary Energy Access（CBEA）宣布，将与肯尼亚企业 Powergen Renewabe Energy 合作，为坦桑尼亚的 60 个微电网提供融资，为 3.4 万人提供电力。目前，这些微电网系统的建设规模还比较有限，模式还未成熟，但越来越多的投资者正对这一新兴领域表现出浓厚兴趣。

（3）传统能源发电仍居统治地位。

非洲和中东地区是南亚和东南亚以外另一个传统能源发展潜力较大的地区。非洲的煤炭、燃气等化石能源储量均较为可观，水能资源同样十分丰富，但开发程度还比较低。中东地区的油气储量远远超过全球其他地区，在化石燃料发电方面有得天独厚的优势。目前，传统能源由于具有技术成熟、成本低廉等优势，仍在非洲和中东地区的电源投资结构中占主导地位。2018 年最大的几笔单一投资均为传统能源发电投资。2018 年 6 月，美国的 Hodges & Bakersfield 有限公司与尼日利亚埃邦伊州（Ebonyi）州政府宣布将投资 30 亿美元，开发 Ebonyi 州装机容量为 930MW 的燃气电站项目。2018 年 12 月，法国 Engie 公司与科威特海湾投资公司（Gulf Investment Corporation，GIC）完成了对 13.1 亿美元的融资，将继续推进巴林的 Al Dur 燃气发电项目。非洲国家还出现了数起较大规模的水电投资。2018 年 9 月，中国特变电工宣布，将启动建设几内亚的阿玛利亚（Amaria）水电站，总投资额为 11.5 亿美元，装机容量为 300MW。2019 年 3 月，中电建国际宣布将投资 2.14 亿美元建造装机容量为 43.5MW 的卢旺达尼亚巴隆戈（Nyabarongo）水电站二期工程，为该国 11.5% 的人口提供电力。

5.1.2　重大事件

（一）南非陷入电力危机

2018 年以来，南非电力供应陷入重大危机。2018 年末进入夏季用电高峰后，南非两次实施全国性限电，其中 2019 年 2 月实施的限电为迄今未曾有过的四级限电。连续限电严重影响了南非民众的正常生活。同时，南非国家电力公司（Eskom）的严重债务问题也开始浮出水面。据南非政府的消息，Eskom 目前背负 4200 亿兰特巨额债务，已经无力偿还。电力危机已经导致南非推动的可再生能源独立发电商采购计划（Renewable Energy Independent Power Producer Procurement Programme，REIPPPP）计划陷入停滞。南非本希望通过该计划同时起到推动发电结构转型和促进电力体制开放的作用。从发电结构而言，煤炭资源丰富、油气资源和水能等其他资源稀缺，导致南非保持以煤为主的发电结构。煤炭是南非最易获得、价格最低廉的能源资源。除少量核能和可再生能源发电之外，南非的电力几乎全部靠煤电提供。为了履行节能减排的国际义务，并应对煤电带来的污染问题，南非政府近年来一直大力推动可再生能源发电。从电力体制而言，南非的电力市场依然由Eskom高度垄断，Eskom提供了南非全国大约92%的电力。Eskom的垄断带来了管理低效、不公平竞争等问题，使南非迅速扩张的电力需求难以得到满足。2019年6月，南非官员已经表示，由于Eskom陷入严重困难，2011—2013年间与可再生能源项目开发商签订的前三轮REIPPPP合同也可能需要重谈。

面对严峻的形势，南非政府采取了调节电价和财政救助两方面的措施。2019年3月，南非当局宣布批准2019—2020年度电价上涨9.41%。南非财政部长姆博维尼宣布，除2月预算的230亿兰特拨款外，2019年和2020年还将分别向Eskom增加260亿兰特和330亿兰特的拨款。不过，考虑到南非的经济财政形势不容乐观，南非政府实施的进一步救助规模很可能是有限的。国际评级机构穆迪已经警告，进一步救助可能导致南非的评级再遭下调。

南非电力危机可能带来以下几方面影响：

一是南非电力投资前景可能受到影响。南非电力供需危机在很大程度上与Eskom主导的发电设施建设迟缓、管理效率低下等因素密切相关，这使国际投资者普遍对Eskom的经营能力产生了怀疑，在投资发电资产时有所顾虑。Eskom由于预算困难而打算重谈前三轮REIPPPP协议，更严重损害了市场信心。

二是南非电力危机有可能扩散到其他国家。南非曾是非洲大陆最主要的电力出口国之一，但近年来因为发电不敷使用已经转为电力净进口国。由于南非电力市场的体量相对于周边国家而言很大，南非的电力缺口很有可能导致其他国家的电力供需形势也出现严重紧张，从而导致这些国家增加对电力行业投资的需求。

（二）埃及经济改革成效显著

2011 年"一·二五革命"后，埃及政治动荡，经济持续恶化，GDP 增速连续 4 年低于人口增长率，导致人民生活水平不断降低。2015 年上台的塞西政府初步稳定了安全形势，并着手推动经济改革，力图以经济发展促进长治久安。埃及的改革主要包括以下几个方面：

一是财政改革。埃及的新税制引入了累进所得税，将销售税改为增值税，扩大了税收范围。此外，埃及政府大刀阔斧地削减带来沉重负担的燃油补贴，显著降低了政府财政压力。

二是基础设施建设。为了拉动就业和经济增长，埃及大力推动一批重大基础设施建设项目，还计划建设新的行政首都。

三是鼓励国内外投资。埃及建立了总统领导的投资委员会，出台了新《投资法》《工业许可法》等一批法律，新设"黄金三角"经济特区、努韦巴（Nuweiba）自由区等投资园区，向私人资本开放电力、铁路等垄断领域。

四是金融改革。埃及政府实施了自由浮动的汇率制度，推动银行体系的私有化，并与多个国际组织达成了合作。

历时数年的经济改革取得了积极效果。一是经济财政状况出现好转。根据埃及财政部和央行的数据，埃及 GDP 增长率由 2017 年的 4.2% 上涨到 2018 年的 5.3%，失业率下降到 9.9%。2019 年 7 月，埃及财长表示，2018－2019 财年基本财政盈余占 GDP 2% 的目标有望实现。二是投资环境显著改善。根据 2018 年世界银行发布的营商环境报告，埃及的营商环境在全球 190 个经济体中排名升至 120 位，比上一年度前进了 8 位。报告指出，埃及营商环境在过去一年中出现了积极改善，特别是在开办企业、融资渠道、保护中小投资者权益、税收等方面的改善十分明显。

埃及经济改革对电力投资带来的影响主要有：第一，外国投资者的权益将受到更多保障。根据新《投资法》等新颁布的法律，外国投资者将享有国民待遇，在居住权、用工、利润汇出等多方面享有保障，在特定情况下还可享有关税免除、所得税减免等优惠措施。这些措施将显著降低外国企业投资的成本，减少投资风险。第二，电力等垄断行业将进一步开放。为了吸引基础设施建设运营领域的投资，埃及正大力推动电力、油气等领域，并促进市场化改革。在电力行业，近年来埃及逐步取消用电补贴，吸引更多外国投资进入发电环节。电力行业市场化将显著提升，对外国投资进入十分有利。第三，电力需求提升。埃及是中东北非地区人口最多的国家，市场体量庞大。埃及经济重归增长轨道，将拉动该区域的电力需求。

（三）海湾国家加快能源转型步伐

20 世纪以来，丰富的资源禀赋使海湾地区各国形成了高度依赖油气的经济结构，石油产业成为大部分海湾国家的支柱产业。近年来，随着油气钻探开发、可再生能源等技术的进步和推广，国际能源市场发生新的革命性变化，海湾国家的石油经济模式面临多重严峻挑战。面对油价下跌带来的财政经济困境，海湾国家纷纷提出清洁能源发展计划，力图调整过度依赖油气开采的经济结构，为经济的可持续发展打下基础，同时履行节能减排的国际义务。

2018 年 1 月，阿联酋公布了 2050 年能源战略。根据这一战略，到 2050 年阿联酋能源结构中可再生能源占比将提升至 44％，剩余部分 38％为天然气，12％为清洁化石能源，6％为核能。阿联酋将削减 70％的碳排放量，提升 40％整体能源使用效率，节省开支约 7000 亿迪拉姆。一些酋长国甚至提出了更为大胆的计划，如迪拜提出打造全球清洁能源中心，到 2050 年时 75％的发电来源于可再生能源，成为全球碳排放最低的大城市之一。2018 年 4 月，约旦启动"国家能源二号计划"，宣布将通过鼓励可再生能源发展、推动能效技术应用等方式取得节能减排突破，到 2020 年把能源消费降低 20％。此外，约旦政府还提出，到 2020 年可再生能源要贡献能源消费量的 20％以上。沙特则在"2030

愿景"框架内继续推动能源转型。按照计划，沙特将在未来 10 年内推出 30 个可再生能源发电项目，在 2023 年前将可再生能源发电占比提升至 10%。沙特还提出，要在 2030 年实现可再生能源装机容量 60GW，其中太阳能发电为 40GW，风能和其他能源为 20GW。

海湾国家的能源转型将带来以下几方面影响：

一是可再生能源发电领域投资机遇增加。中东国家太阳照射时间长，辐照强度高，太阳能资源十分丰富，红海沿岸等地区的海上风电资源蕴藏量也较为可观，开发潜力极大。能源结构转型离不开对这些能源的开发。由于本国企业技术实力有限，海湾各国必将以更大力度引入外资进入发电环节，以促进清洁能源开发利用。

二是节能技术和能源服务的普遍应用。由于资源丰富、价格低廉，海湾国家形成了依赖大量油气资源投入的粗放经济增长方式。为了达成减排目标，海湾国家将会引入能源管理技术，发展能源服务产业，以提高能源利用效率。这对综合能源服务等新业态在海湾国家的发展形成了利好。

三是促进电网互联。近年来，海湾国家在推动电网互联方面取得很多进展，完成了海合会互联电网建设，设立了互联电网管理机构，还计划使海合会电网与非洲、欧盟和亚洲电网互联。为了实现可再生能源的消纳，海湾国家可能推动更高水平、更大范围的互联电网建设。这将带来输配电设施建设等方面的大量需求。

5.1.3 投资前景展望

（一）政治经济环境

从政治环境来看，非洲大部分国家的政治社会形势有望保持稳定，中东地区的形势则将持续紧张。安哥拉、南非、埃塞俄比亚等非洲主要国家近一年来先后完成权力和平过渡，未发生社会动荡，保持了政治延续性。一部分传统热点地区的冲突获得解决，改善了区内面临的安全形势。非盟改革有序推进，强化了非洲在政治上的统一和团结。中东地区的局势则相对复杂。2018年以来，美国不断强化对伊朗的制裁，两国关系持续紧张，以及巴勒斯坦、叙利亚、也门等地的冲突仍在持续，都表明局部动荡仍将是中东地区的常态。

从经济环境来看，非洲经济发展势头良好，增速有所提升，中东地区经济则可能出现一定程度复苏。根据IMF的估计，2018年非洲GDP总量达到2.32万亿美元，增速达到3.4%，超过最近4年2.6%的平均增速。非洲国家积极谋划经济一体化进程，力图通过单一大市场建设释放增长潜力。2018年3月，44个非洲国家签署协议，同意建立非洲大陆自由贸易区。未来一段时间内，在大宗商品价格上扬、经济一体化程度提升以及安全形势改善等因素的共同作用下，各主要机构均预计区内经济近期仍将稳健增长。IMF预计，2019年撒哈拉以南非洲的经济增速将进一步升至3.8%。受地区紧张局势影响，2018年中东国家经济相对低迷，海合会6国的经济增速约为2.4%。不过，由于油价上升等因素，市场普遍预期中东国家经济未来将出现复苏。IMF预计2019年海合会国家的经济增速将升至3%。

（二）电力行业发展前景

非洲和中东国家占全球装机容量的比重总体趋于提升。根据IEA预测，到2030年非洲国家在全球电力消费中的占比将从2018年的3.3%升至2030年的3.9%，到2050年则可能发生一定幅度的回落，降至3.5%。中东国家在全球电力消费中的占比则将从2018年的4.6%升至4.9%和5.1%。中东和非洲地区均是全球范围内电力投资需求较为旺盛的地区。目前，非洲地区的电力基础设施十分落后，各国的经济发展对电力设施形成了迫切需求。中东国家的电力基础设施相对发达，但电源结构过于依赖化石能源，推动清洁能源转型是大势所趋。因此，在未来一段时期内，非洲和中东地区仍将是电力投资较为活跃的地区。

化石能源发电仍将是非洲和中东国家主要的电力来源。对于中东国家，预计至2050年，燃气发电装机容量占比仍超过2/3（见表5-2），而在非洲国家，这一比例也超过 1/3（见表 5-3）。由于自然禀赋因素，对于中东和非洲国家而言，太阳能发电未来将是最主要的新能源发电方式，预计至 2050 年装机容量占比约为 10.08％和 11.94％。风力发电则相对滞后，占装机容量的比例分别为 2.15％和 7.20％。非洲主要的发电方式还有水电和燃煤发电，预计至 2050 年装机容量占比约为 17.84％和 17.61％。中东国家的核电则将迎来较快发展期，预计至 2030 年和 2050 年装机容量占比将分别为 3.02％和 3.42％。

表 5-2　　　　　2018、2030 年与 2050 年非洲国家装机容量构成　　　　　　%

类型	2018 年	2030 年	2050 年
太阳能发电	3.18	11.48	11.94
风电	3.74	6.58	7.20
水电	14.65	16.89	17.84
核电	0.82	1.36	1.85
燃煤发电	23.38	18.58	17.61
燃气发电	43.10	34.01	33.69

资料来源：IEA。

表 5-3　　　　　2018、2030 年与 2050 年中东国家装机容量构成　　　　　　%

类型	2018 年	2030 年	2050 年
太阳能发电	1.22	5.34	10.08
风电	0.22	0.77	2.15
水电	4.91	5.01	4.33
核电	1.13	3.02	3.42
燃煤发电	0.25	0.59	1.29
燃气发电	76.92	69.26	66.93

资料来源：IEA。

（三）电力行业市场结构

非洲和中东国家的电力行业开放程度普遍较低，实行封闭一体化管理机制的国家较多，但部分国家已启动市场化改革。中东北非电力行业的开放程度相比之下较高。阿尔及利亚、突尼斯、埃及、约旦等主要国家都已实施了一定程度的厂网分离，沙特则正在推进这一进程。不过，在这些国家，电网企业通常仍在发电业务中占主导地位。撒哈拉以南非洲的电力体制则更为封闭，南非国家电力公司（Eskom）、博茨瓦纳电力公司（BPC）、肯尼亚发电公司（KenGen）、坦桑尼亚电力供应有限公司（TANESCO）、莫桑比克电力公司（EDM）、加纳电力公司（ECG）等都是垂直一体化的垄断企业，控制国内绝大多数电力业务，只有肯尼亚、乌干达等少数国家的市场化程度较高。

近年来，随着经济和人口的快速增长，非洲和中东国家高度封闭的电力体制越来越无法适应经济社会发展的需求。由于部分国有垄断企业的资金和技术储备有限，管理水平不高，区内许多国家特别是非洲国家面临电力短缺、供应不稳定的难题。不少国家启动改革，试图通过市场开放和纵向拆分吸引更多资本进入电力行业，并提升运营效率。埃及、南非都计划对国有电力企业进行进一步拆分。尼日利亚、安哥拉等国政府则致力于推动电力行业的私有化改革，吸引外国投资进入电力行业。此外，少数国家已经开始推动电力市场构建，如尼日利亚正借助电力贸易公司（NBET）这一平台建立多层次电力交易市场。在今后一段时期内，可能将有更多非洲和中东国家谋求通过制度改革扩大电力供应。

5.2　非洲和中东电力行业跨国投资典型案例

5.2.1　几内亚阿玛利亚水电站项目

2019年4月，特变电工发布公告宣布，为加强海外市场的开拓，其控股子公司特变电工沈阳变压器集团将以其投资的阿玛利亚水电开发股份为主体启动建设几内亚的阿玛利亚（Amaria）水电站，总投资额为11.5亿美元。阿玛利亚水电站位于孔库雷（Konkoure）河下游，属于孔库雷河干流四级开发方案所确定的最后一级开发范围。电站距首都科纳克里公路里程为129km，是几内亚政府着力推动的重大项目。该电站采用坝式开发，正常蓄水位为58m，最大坝高为 60m，装机容量为 300MW，多年平均发电量为 13.83GW·h。该项目的总工期为 54 个月，运营期 40 年。据特变电工提供的信息，该项目运营期平均年收入为 1.9 亿美元，利润为 1.5 亿美元，项目投资回收期为 13.32 年。

特变电工沈阳变压器集团有限公司原为沈阳变压器厂，2004 年被特变电工股份有限公司收购，成为其全资子公司。集团主要经营特高压交、直流输变电设备，变压器单厂产能超过 1 亿 kV·A。特变电工是中国电工装备企业国际化发展的先行者，目前已在世界八大区域设立 27 个海外办事处。目前，公司正在积极开拓非洲市场。阿玛利亚水电站项目体现了特变电工从设备提供商转型为工程承包、系统集成服务商的重要趋势。

5.2.2 南非恩祖巴风力发电场

2019 年 2 月，意大利国家电力公司（Enel）的子公司 Enel Green Power 宣布，将投资 2 亿欧元建设和开发位于南非东开普省阿马托莱区（Amatole）的恩祖巴（Nxuba）风电场。风电场的总装机容量为 140MW，平均每兆瓦投资约 161 万美元。恩祖巴风电场预计将于 2020 年 9 月完工，年发电量将超过 460GW·h，每年减排二氧化碳 50 万 t。2015 年，Enel 在南非政府组织的可再生能源独立发电商采购计划 REIPPPP 第四轮招标中中标，获得总装机容量为 700MW 发电项目的建设资格。该风电场即为中标的项目之一。Eskom 与其签订了为期 20 年的长期购电协议。

Enel Green Power 创立于 2008 年，是意大利国家电力公司（Enel）的子公司，主要业务为可再生能源发电设施的建设与运营。目前，该公司在全球 20 个国家拥有运营中的发电资产，另有 9 个国家的发电设施正在建设阶段。该公司经营的发电厂 1200 余个，总装机容量超过 43GW，其中水电为 28.1GW，风电为 10.6GW，太阳能发电为 3.7GW。目前，在撒哈拉以南非洲，Enel Green Power 仅在南非一国运营发电业务，不过，在赞比亚和肯尼亚，Enel Green Power 都有在建中的发电厂。本次投资显示出 Enel Green Power 加大在非洲地区发展力度的意愿。

5.2.3　埃及苏伊士湾风电项目

2018年8月，埃及经济部宣布，批准沙特国际电力和水务公司（ACWA Power）在苏伊士湾以BOO方式建设大型风电场。该风电场的装机容量为500MW，场址位于赫尔加达（Hurghada）北部的杰贝尔-扎伊特（Jebel al - Zayt）地区，总投资约6亿美元。目前，ACWA Power正进行该项目的前期研究工作，预计建设工程将于2020年正式启动。风电场将分为两阶段建设，每阶段完成250MW的装机容量。日本丸红集团（Marubeni）将负责建设工作。ACWA Power正进行该项目的融资工作。预计该项目电力价格为3.12美分/kW，具有相当竞争力。

ACWA Power创立于2004年，总部位于沙特阿拉伯，主要经营发电和海水淡化等业务。该公司目前在中东、非洲和东南亚等11个国家开展业务，拥有的发电资产价值超过200亿美元，装机容量在29GW以上。ACWA Power拥有的发电资产以传统能源发电为主。目前，该公司正采取措施优化电源结构，转向可再生能源发电。埃及是ACWA Power的重要市场，目前，该公司还在埃及推进本班（Benban）和康翁波（Kom Ombo）的光伏电站项目以及达利欧特（Daryout）的联合循环发电项目。在近年进行的经济改革中，埃及努力扩大一批垄断市场的开放，企图通过外国投资缓解本国资本短缺的状况。埃及逐步开放的电力市场正吸引国际投资者的关注。

6

世界主要电力企业跨国投资分析

6.1　中国电力企业跨国投资分析

6.1.1　中国电力企业跨国投资整体情况

2018 年中国电力企业积极开拓海外市场，国际化经营取得积极进展。2018 年国有电力企业跨国指数[1]排名第一的是中国电力建设集团有限公司，其次是中国广核集团有限公司。民营电力企业中，天合光能和金风科技的国际化程度最高，见表 6‑1。

表 6‑1　　　　　　　　　　2018 年中国电力企业跨国指数

公司名称	海外资产 （亿元）	海外收入 （亿元）	海外员工 （人）	跨国指数 （%）
国家电网有限公司	2893	1038	15 620	4.53
中国电力建设集团有限公司	1183	890	94 326	30.80
中国广核集团有限公司	1012	167	3195	14.43
中国华能集团有限公司	591	117	1625	3.79
中国能源建设集团有限公司	504	351	6773	11.32
国家能源投资集团有限责任公司	455	36	501	1.14
中国华电集团有限公司	233	30	496	1.63
中国大唐集团有限公司	105	30	464	1.22
天合光能股份有限公司	132	138	2042	34.37
新疆金风科技股份有限公司	119	27	223	9.94

资料来源：中国企业联合会、中国企业家协会。

中央电力企业（简称"电力央企"）是中国电力企业海外投资的主要力量。目前，电力央企已经初步实现了全球布局，资产类型和投资方式日趋多样化，

---

[1]　跨国指数＝（国外资产/总资产＋国外销售额/总销售额＋国外雇员数/总雇员数）/3×100%。

成为推动国际产能合作的重要力量。根据媒体公开报道和电力央企网站、年报数据统计，目前电力央企在海外开展的投资项目共 116 个[❶]，见表 6 - 2。

表 6 - 2 　　　　　　　　　　　中国电力央企海外投资情况

序号	公司名称	海外资产类型	资　产　布　局	项目数量
1	国家电网	输配电	菲律宾、香港、巴基斯坦、澳大利亚、意大利、希腊、葡萄牙、巴西	16
2	南方电网	输配电、火电、水电、气电	越南、老挝、香港、马来西亚、智利、卢森堡	7
3	中国华能	火电、水电、气电	巴基斯坦、柬埔寨、缅甸、新加坡、澳大利亚、美国	6
4	中国华电	火电、水电、气电	俄罗斯、西班牙、印尼、柬埔寨、越南	7
5	中国大唐	输电、火电、水电	缅甸、柬埔寨、印尼、老挝	6
6	国家能源集团	火电、风电	加拿大、印尼、澳大利亚、南非	7
7	国家电投	水电、气电、风电、光伏发电、电力一体化公司	巴基斯坦、日本、缅甸、巴西、马耳他、澳大利亚	9
8	三峡集团	水电、风电、光伏发电	葡萄牙、德国、英国、意大利、希腊、波兰、巴西、秘鲁、巴基斯坦、老挝、尼泊尔	26
9	中广核	核电、气电、风电、光伏发电、生物质能发电	新加坡、香港、马来西亚、澳大利亚、英国、法国、比利时、瑞典	17
10	国投集团	火电、风电	印尼、英国	3
11	中国能建	火电、水电	巴基斯坦、越南	3
12	中国电建	火电、水电、设计咨询公司	老挝、柬埔寨、尼泊尔、巴基斯坦、印度、津巴布韦、孟加拉国、意大利	9

资料来源：根据各公司官方网站公布信息整理。

从区域布局来看，目前电力央企在亚洲的投资项目最多，约占 46%；其次分别是欧洲、美洲、大洋洲和非洲，见图 6 - 1。按照国别排名，项目数量最多

---

❶ 　纳入本文统计范围的电力央企包括国家电网、南方电网、中国华能、中国华电、中国大唐、国家能源集团、国家电投、三峡集团、中广核、国投集团、中国能建和中国电建，共 12 家企业。

的是巴西，共 17 个项目；其次是巴基斯坦、澳大利亚、英国、印度尼西亚和老挝等。"一带一路"沿线国家是中国电力企业海外投资的主要目标市场。

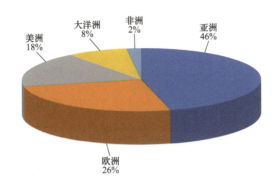

图 6-1　电力央企海外投资区域分布

数据来源：根据媒体公开报道和企业网站信息整理。

从投资方式来看， 采取绿地投资方式的比例约占 54％，略高于存量资产并购。发展中国家电力新建投资需求旺盛，电力央企在发展中国家主要采取绿地投资的方式；发达国家新增投资需求放缓，投资机遇主要为存量资产并购。

从资产类型来看， 电力央企海外投资以清洁能源为主，其中水电项目占比最高，约占 28％；其次是风电、电网和火电项目，见图 6-2。所投资各类能源的占比说明，电力央企为全球能源低碳转型作出了积极贡献。

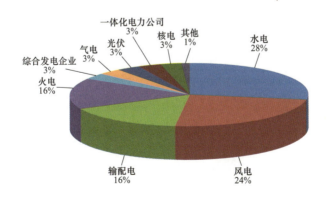

图 6-2　电力央企海外资产类型

数据来源：根据媒体公开报道和企业网站信息整理。

6.1.2 部分中国电力央企海外投资情况

（一）国家电网跨国投资分析

（1）海外项目概况。

2008 年以来，国家电网公司（简称"国家电网"）先后在菲律宾、巴西、葡萄牙、澳大利亚、意大利、香港、希腊等 7 个国家和地区成功投资、运营骨干能源网公司，业务布局实现了从发展中国家向发达国家的延伸。截至 2018 年底，境外投资总额达到 210 亿美元，管理境外资产总额超过 655 亿美元，境外投资项目运营稳健，全部盈利。国家电网境外投资项目及分布情况见表 6‐3。

表 6‐3 国家电网境外投资情况

国家电网		
国别/地区	项目/公司名称	投资形式
亚洲　菲律宾	菲律宾国家输电网（NGCP）特许经营权	收购 40% 股权
亚洲　香港	港灯电力投资有限公司（HKEI）	收购 21% 股权
亚洲　巴基斯坦	默蒂亚里‐拉合尔±660kV 直流输电工程	BOOT
大洋洲　澳大利亚	南澳输电公司（ElectraNet）	收购 46.56% 股权
大洋洲　澳大利亚	新加坡能源国际澳洲资产公司（SPIAA）	收购 60% 股权
大洋洲　澳大利亚	新加坡能源澳网公司（Ausnet）	收购 19.9% 股权
欧洲　意大利	意大利存贷款能源网公司（CDP RETI）	收购 35% 股权
欧洲　希腊	希腊国家电网公司	收购 24% 股权
欧洲　葡萄牙	葡萄牙国家能源网公司（REN）	收购 25% 股权
美洲　巴西	巴西路易斯安那变电站扩建项目	绿地投资
美洲　巴西	2012 年 07 号输电特许权项目 G 标段	绿地投资
美洲　巴西	巴西美丽山水电送出配套工程特许经营权一期项目	绿地投资
美洲　巴西	巴西美丽山水电送出配套工程特许经营权二期项目	绿地投资
美洲　巴西	特里斯皮尔斯流域水电送出项目特许经营权	绿地投资
美洲　巴西	CPFL 能源公司	收购 94.75% 股权
美洲　巴西	14 家输电特许权公司	收购 100% 股权

资料来源：根据媒体公开报道和企业网站信息整理。

2009 年 1 月，国家电网获得菲律宾国家输电网 40% 股权，迈出了公司实施

"走出去"战略的第一步。2010年12月和2012年12月，两次共收购巴西14家输电特许权公司100％股权，实现了公司投资新兴经济体国家的突破。2012年5月，收购葡萄牙国家能源网公司（REN）25％股权，实现中国电力企业首次入股欧洲国家级电网公司。2012年12月和2013年4月，通过收购和增持获得澳大利亚南澳输电公司46.56％股权，首次成功投资澳大利亚。2014年1月，收购新加坡淡马锡集团下属的澳洲资产公司60％和澳网公司19.9％股权，公司在澳洲资产规模显著提升。2014年1月开始，累计收购香港港灯电力投资有限公司21％股权。2014年2月，公司与巴西电力公司联合中标巴西美丽山水电特高压直流送出一期项目，公司占股比51％，实现公司特高压技术成功走出去。2017年12月，项目提前2个月正式投入商业运行。2014年11月，收购意大利存贷款能源网公司35％股权，为当时中国企业在意大利最大投资。2015年7月，独立中标巴西美丽山水电特高压直流送出二期项目，首次独立实现特高压投资、建设、装备一体化走出去。2015年11月，国网澳洲资产公司中标澳大利亚东北天然气管线开发项目。2017年6月，成功收购希腊国家电网公司24％股权，成为"一带一路"国际合作高峰论坛后完成交易的首个项目。2017年12月，收购巴西最大私营电力公司——CPFL公司94.75％的股权，与公司在巴西既有的输电资产形成良好的协同效应。2017年12月，我国首个海外特高压输电项目——巴西美丽山±800kV特高压直流输电一期工程提前两个月建成投运，标志着我国自主知识产权的特高压输电技术成功走向世界。

除了投资项目外，国家电网还承建了埃塞俄比亚、波兰、埃及等国家的骨干电网项目；积极推进电网基础设施互联互通，已建成中俄、中蒙、中吉等10条跨国输电线路，累计交易电量超过270亿 kW·h。

（2）海外投资最新进展。

2018年5月14日，国家电网与巴基斯坦能源部、国家输电公司签署默蒂亚里至拉合尔±660kV直流输电工程输电服务协议等一系列交易文件，标志着默拉直流输电工程进入全面建设阶段。该项目是"中巴经济走廊"能源合作协议中唯一的输变电项目，也是巴基斯坦首个直流输电工程、巴基斯坦输电领域首次允许外资开发的大型项目。默拉直流输电工程近 80% 采用我国技术标准，将带动我国机电设备和技术服务出口约 67 亿元人民币。工程线路全长 878km，输送容量为 400 万 kW，以 BOOT 模式建设该工程，经营期为 25 年，总投资为 16.58 亿美元，预计 2021 年上半年投运。

2019 年 1 月 3 日，国网澳洲资产公司北气东输管线一期工程历经 18 个月工程建设，顺利完工投入商业运行。北气东输管线一期工程是澳大利亚当前最大的输气开发工程，全长 622km，连接澳大利亚东北部重要输气枢纽点，是唯一一条实现澳大利亚北部领地天然气外送、缓解澳大利亚东部天然气紧缺情况的输气管线，对澳大利亚输气市场具有重要战略意义。

2019 年 1 月 13 日，国家电网在海外首个独立投资建设的大型绿地 500kV 输电特许经营权项目——巴西特里斯皮尔斯输电特许权二期项目顺利完工并投入商业运行。

2019 年 10 月 12 日，国家电网与美国桑普拉能源公司签署股权购买协议，收购其持有的智利第三大配电企业切昆塔集团公司 100% 股权。

（二）中国华能跨国投资分析

（1）海外项目概况。

中国华能集团有限公司（简称"中国华能"）坚持开发和收购并重，境外资产分布在澳大利亚、新加坡、缅甸、英国、柬埔寨和巴基斯坦 6 个国家，电源类型包含煤电、天然气发电和水电等。境外技术服务和技术出口超过 20 个国家和地区。中国华能海外投资项目及分布情况见表 6-4。

表 6-4　　　　　中国华能海外投资项目及分布情况

中国华能		
国别/地区	项目/公司名称	投资形式
亚洲　巴基斯坦	萨希瓦尔燃煤电站	绿地项目
柬埔寨	桑河二级水电站	BOT

续表

中国华能		
国别/地区	项目/公司名称	投资形式
亚洲　缅甸	瑞丽江一级水电站	BOT
新加坡	新加坡大士能源公司	收购100％股权
大洋洲　澳大利亚	澳洲电力公司（OzGen）	收购50％股权
美洲　美国	国际电力公司（InterGen）	收购50％股权

资料来源：根据媒体公开报道和企业网站信息整理。

2003年12月，中国华能收购了澳洲电力公司50％股权，间接持有其在澳大利亚的Millmerran电厂（85万kW）53.7％的股权和Callide电厂（92万kW）50％的股权，开创了中国发电企业"走出去"的先河。2008年3月，中国华能收购新加坡大士能源公司100％股权。2009年，中国华能建成了中国在境外投资的最大水电BOT项目——缅甸瑞丽江一级水电站（特许经营权期限为40年），向中国南方电网和缅甸当地送电，装机容量为60万kW，经济效益良好，累计实现利润11.3亿元。2011年4月，中国华能与广东省粤电集团有限公司按照60％：40％的股权比例，收购国际电力公司50％股权。2013年，中国华能收购柬埔寨桑河二级水电站51％股权（柬埔寨皇家集团和越南国家电力公司持有另外49％股权）。巴基斯坦萨希瓦尔2×660MW燃煤电站由华能山东发电有限公司与山东如意集团按照各50％的比例联合投资，由华能山东发电有限公司负责管理运营。萨希瓦尔燃煤电站是中巴经济走廊优先实施项目，也是走廊框架下首个投产的大型能源项目。

(2) 海外投资最新进展。

2018年3月5日，英国斯伯丁（Spalding）（具有黑启动功能的燃气开式循环机组）项目正式开工建设，总装机容量为30万kW，总投资约为9800万英镑，项目于2019年7月投产。这是海外国际兴业有限公司（华能持股60％、粤电持股40％）收购国际电力公司50％股权以来，国际电力公司首次在英国实现新项目开发建设。该项目于 2016 年 12 月获得为期 15 年、价格为 22.5 英镑/（kW·年）的容量合同，是截至目前英国唯一一个成功竞拍并开工建设的大型新建燃机项目。项目于 2018 年 2 月顺利完成融资，成为全英国第一个依靠容量合同实现项目融资开发建设的大型发电项目。

2018 年 10 月 21 日，由华能澜沧江水电股份有限公司控股投资开发的柬埔寨境内最大水电工程——桑河二级水电站 8 号机组顺利通过 72h 试运行，正式投产发电。至此，桑河二级水电站 8 台机组全部投产发电。12 月 17 日，桑河二级电站正式进入商业运行。该电站于 2013 年 10 月开工，2017 年 12 月 9 日首台机组投产发电，2018 年内实现"一年六投"目标，8 台机组在 11 个月内全部投产发电。

（三）中国华电跨国投资分析

（1）海外项目概况。

中国华电集团有限公司（简称"中国华电"）在国际化经营中坚持"1234"的发展理念，即以"一带一路"国家为发展方向，完善投资和融资两个平台，把握"三个坚持"的发展方式（即坚持了"效益可观、风险可控、能力可及"的"三可"发展理念，坚持境外投资、工程承包、技术服务、国际贸易"四轮驱动"的发展模式，坚持绿地投资为主、资产择优并购的发展策略），贯彻"市场需求大、竞争优势大、回报确定性好、政策符合性好"的"两大两好"的发展原则，采取"建营一体"开发方式，并建立了中国华电特色的风险数量评价模型和集团统一决策的境外风险管控体系。截至 2018 年，中国华电在印尼、俄罗斯、柬埔寨、越南等 10 余个"一带一路"沿线国家开展了能源合作。其中包括印尼巴淡燃煤电站、柬埔寨额勒赛下游水电站、印尼巴厘岛燃煤电站、俄罗斯捷宁斯卡娅燃气轮机电站等在运项目，越南沿海二期燃煤电站项目等在建项目，还有印尼玻雅燃煤电站等待建项目，形成了在建一批、开发一批、储备一批的滚动开发局面。中国华电海外投资项目及分布情况见表 6-5。

表 6 - 5　　　　　　　　中国华电海外投资项目及分布情况

中国华电			
国别/地区		项目/公司名称	投资形式
欧洲	俄罗斯	捷宁斯卡娅燃气-蒸汽联合循环电站	BOO
	西班牙	巴辛风电项目	收购 100% 股份
亚洲	印尼	巴淡燃煤电站	BOT
		巴厘岛燃煤电站	BOOT
		玻雅燃煤电站（在建）	BOOT
	柬埔寨	额勒赛下游水电站	BOT
	越南	沿海二期燃煤电站项目	BOT

资料来源：根据媒体公开报道和企业网站信息整理。

（2）海外投资最新进展。

2019 年 1 月 20 日，中国华电在海外最大的投资建设运营一体化绿地项目——华电越南沿海二期项目锅炉钢架吊装工作全面启动，正式进入地上工程施工阶段。项目位于越南茶荣省沿海县的发电产业园内，设计建设 2 台 66 万 kW 超临界燃煤发电机组及配套卸煤码头。越南沿海二期项目由中国华电控股 51% 并承担 EPC 建设，运营期为 25 年，以建设-运营-移交（BOT）模式开发，计划 2021 年投产。

2019 年 3 月 3 日，由华电香港公司投资建设的印尼玻雅项目主体工程正式开工。玻雅项目以 BOOT 模式投资开发，并以 EPC 总承包模式建设的坑口燃煤发电工程。该项目是中国华电迄今在印尼投资的最大电力项目。两台机组计划分别于 2021 年 12 月、2022 年 3 月投运。

2019 年 4 月 25 日，中国华电与印尼国家电力公司就华电印尼占碑 2 号煤电联营项目签署购电协议。此次签约的印尼占碑 2 号煤电联营项目是中国华电在印尼投资的第五个项目。项目将新建 2 台 35 万 kW 超临界燃煤机组、长 118km 500kV 输电线路以及设计年产 310 万 t 的配套坑口煤矿。项目建成后，每年可向当地提供电量约 49 亿 kW·h。

(四) 中国大唐跨国投资分析

(1) 海外项目概况。

中国大唐集团有限公司(简称"中国大唐")初步形成了境外投资、工程承包、技术服务、国际贸易、国际金融"五大国际化业务"发展格局。截至2017年底,中国大唐所属企业中已有8家开展了国际业务,驻外机构及项目部28个,总资产近130亿元,涉及16个国家。

中国大唐重点境外投资项目包括缅甸太平江水电项目,建设规模为24万kW;柬埔寨斯登沃代水电项目,建设规模为12万kW;柬埔寨金边-菩萨-马德望输变电项目,建设294km 230kV输电线路;老挝湄公河北本水电项目,建设规模为91.2万kW;老挝湄公河萨拉康水电项目,建设规模为66万kW;中能建香港IPO基石投资,参股比例为0.82%。中国大唐海外投资项目及分布情况见表6-6。

表6-6　　　　　　　　中国大唐海外投资项目及分布情况

中国大唐		
国别/地区	项目/公司名称	投资形式
亚洲　缅甸	太平江一期水电站	BOT
柬埔寨	斯登沃代水电站	绿地项目
	金边至马德望输变电线路项目	BOT
印尼	米拉务燃煤发电项目(施工准备)	BOOT
老挝	湄公河北本水电项目	BOT
	湄公河萨拉康水电项目	BOT

资料来源:根据媒体公开报道和企业网站信息整理。

(2) 海外投资最新进展。

2017年10月25日,中国大唐与印度尼西亚签署米拉务项目购电协议(Power Purchase Agreement,PPA)、股东协议签署,标志着米拉务项目正式落地,中国大唐正式进入印度尼西亚电力市场。2019年4月28日中国大唐海外投资有限公司与印尼 PT. Pembangunan Perumahan Energi 公司签署了米拉务燃煤发电项目股东协议。米拉务项目为印尼国家电力公司招标的独立发电厂（Independent Power Producer，IPP）项目，拟建设 2 台 225MW 的燃煤机组，以"BOOT"方式开发和运营，商业运营期为 25 年；另外建设一座 275kV 变电站及相应的输电线路，建成后移交给印尼国家电力公司（PLN）运营。印尼米拉务项目是中国大唐第一个国际公开招标项目、第一个在印尼投资的绿地项目以及第一个境外火电项目，对中国大唐立足印尼市场，拓展后续开发机遇及加快国际化业务发展具有重大意义。

（五）国家能源集团跨国投资分析

（1）海外项目概况。

国家能源投资集团有限公司（简称"国家能源集团"）由中国国电集团公司和神华集团合并重组而成，于 2017 年 11 月 28 日正式挂牌成立，重组后的国家能源集团资产规模超过 1.8 万亿元，形成煤炭、常规能源发电、新能源、交通运输、煤化工、产业科技、节能环保、产业金融等 8 大业务板块，拥有四个世界之最，分别是世界最大的煤炭生产公司、世界最大的火力发电生产公司、世界最大的可再生能源发电生产公司和世界最大煤制油、煤化工公司。国家能源集团通过项目投资带动产品设备和技术服务等相关产业"走出去"。截至 2018 年底，公司共有煤炭和页岩气开发、火电、可再生能源发电、科技环保技术产品、高新技术研发等 5 个优势产业板块、11 个境外项目落地海外。国家能源集团电力板块海外投资项目及分布情况见表 6-7。

表 6-7　　　国家能源集团电力板块海外投资项目及分布情况

国家能源集团			
国别/地区		项目/公司名称	投资形式
美洲	加拿大	德芙琳风电项目	收购
亚洲	印尼	葛苏穆印煤电项目	BOO
		南苏 1 号煤电项目（在建）	BOO
		爪哇 7 号煤电项目（在建）	BOO

续表

国家能源集团		
国别/地区	项目/公司名称	投资形式
大洋洲　　澳大利亚	乌淖斯风电	收购75％股权
	马斯洛风电	收购75％股权
非洲　　　南非	德阿风电一期、二期项目	绿地项目

资料来源：根据媒体公开报道和企业网站信息整理。

（2）海外投资最新进展。

2017年6月26日，国家能源集团（原国电集团）就拟投资建设莫桑比克太特省埃斯蒂马2×30万kW火电项目与哈萨克斯坦欧亚资源集团签署合作意向书。根据意向书，国电电力负责电厂建设和运营。目前，该煤电一体化项目初可研报告已经完成。

2017年11月，国家能源集团与希腊科佩鲁佐斯集团（Copelouzos Group，又称"CG"集团）签署收购色雷斯4个风电项目公司75％股权协议，成为在希腊投资风电场的第一家中国公司。2018年7月5日，国家能源集团和"CG"集团在希腊首都雅典举行风电合作项目交割签约仪式。

（六）国家电投跨国投资分析

（1）海外项目概况。

国家电力投资集团有限公司（简称"国家电投"）将境外投资、对外工程承包、国际金融、国际贸易、国际技术合作作为公司国际化业务发展重点领域。截至2018年底，国家电投境外业务涵盖巴西、澳大利亚、马耳他、巴基斯坦等45个国家，设有13个海外代表处，境外资产789亿元，海外在运装机容量为364万kW，在建为1240万kW，清洁能源占比为86.3％。主要国际业务主体包括国家电投香港财资管理有限公司。国家电投海外投资项目及分布情况见表6-8。

表 6 - 8　　　　　　　　　国家电投海外投资项目及分布情况

国家电投		
国别/地区	项目/公司名称	投资形式
亚洲　巴基斯坦	卡拉奇（KE）电力公司股权收购项目	收购 66.4% 股权
日本	上海电力日本株式会社光伏项目	绿地项目
缅甸	伊江公司小其培电站	BOT
美洲　巴西	圣西芒水电公司	30 年特许经营权
欧洲　马耳他	德利马拉三期电厂	收购 90% 股权
	马萨屋顶光伏示范项目	绿地投资
大洋洲　澳大利亚	太平洋水电公司	收购 100% 股权
	特拉格风电项目	收购 100% 股权
	克劳兰风电项目	绿地投资

资料来源：根据媒体公开报道和企业网站信息整理。

（2）海外投资最新进展。

2018 年 6 月 4 日，澳大利亚亚洛克风电场全部 14 台风机投产发电，总装机容量为 2.87 万 kW，年预计发电量为 8670 万 kW·h。该项目是国家电投海外公司并购太平洋水电公司后在境外首个自行建设施工并投产的绿地项目。国家电投海外公司致力于发展多元化的经营模式，将存量电站运营、零售业务、电力储能、可再生能源作为当前主要工作，推动境外业务由单一可再生能源发电向发电售电一体化、综合能源服务商等新业态转型。通过与澳大利亚电力零售商 ERM 公司签署期限 13 年、每年 10 万张大规模发电权证（Largescale Generation Certificate，LGC）合同；与 BP 商谈霍顿项目 10 万 kW 购电协议（包括电力和 LGC）；与墨尔本可再生能源项目联合体（MREP）商谈克劳兰风电项目 LGC 和 PPA，国家电投海外公司正在积极推进清洁能源业务的新模式，通过锁定长期价格，控制市场风险。

2018 年 9 月 12 日，中俄地区合作发展投资基金（简称中俄基金）正式成立。国家电投作为母基金的主发起人，同时主导设立能源电力子基金，将专注于能源产业投资，聚焦国家电投业务范围内的中俄两国及友好第三国或地区的重点区域合作项目。

2019 年 8 月由云南国际全额出资在香港设立国家电投国际能源（香港）有限公司，该公司作为云南国际海外投融资平台，积极拓展海外融资渠道，广泛吸收境外低成本资金，借助香港自由贸易区低税收和金融港口的优势降低企业资产负债率，扩大企业整体税收筹划的空间，增强企业的盈利能力，归集项目投资收益和货币资金，实现项目再投资，隔离母公司海外投资风险，为云南国际后续境外项目的投融资工作发挥重要作用。

（七）中国电建跨国投资分析

（1）海外项目概况。

中国电力建设集团有限公司（简称"中国电建"）2006 年制定并全面实施国际业务优先发展战略，国际化经营取得良好成效，特别是在推动"一带一路"建设和深化国际产能合作、带动中国装备制造和相关产业"走出去"方面发挥了重要积极作用。在品牌建设方面，中国电建拥有的多个知名品牌蜚声海内外，具备较强的国际竞争力和影响力。Power China 是涵盖电建集团全产业链的综合性母体品牌，主要从事大型或全产业链项目、高端或准高端市场的国际经营，中国电建还拥有从事水利水电规划、勘测设计、咨询服务和新能源一站式服务的品牌 HydroChina，从事以水利水电为主的基础设施领域开发建设的品牌 SINOHYDRO 和从事火电和输变电领域开发建设的品牌 SEPCO 和 SEPCOIII。在商业模式方面，中国电建综合熟悉 EPC、FEPC、BOT、BT、BOT＋BT、PPP 等新型商业模式及运营策略，具备驾驭大型复杂工程的综合管理能力，能够为水利水电、火电、风电及基础设施建设等领域提供集成式、一站式服务。中国电建海外投资项目及分布情况见表 6-9。

表 6 - 9　　　　　中国电建海外投资项目及分布情况

中国电建		
国别/地区	项目/ 公司名称	投资形式
亚洲	老挝南俄 5 水电站	BOT
	老挝南欧江流域梯级水电站项目	BOT
	柬埔寨甘再水电站	BOT
	尼泊尔上马相迪 A 水电站项目	BOOT
	巴基斯坦卡西姆港燃煤应急电站项目	BOO
	印尼明古鲁燃煤电站项目	BOOT
	孟加拉国吉大港超临界燃煤电站	BOO
欧洲	吉泰公司股权收购项目	投资并购 80% 股权
非洲	津巴布韦旺吉燃煤电站	BOO

(国别/地区栏：亚洲行含 老挝、柬埔寨、尼泊尔、巴基斯坦、印尼、孟加拉国；欧洲 意大利；非洲 津巴布韦)

资料来源：根据媒体公开报道和企业网站信息整理。

（2）海外投资最新进展。

2018 年 4 月 12 日，中国电建集团海外投资有限公司与孟加拉国电力发展局正式签订巴瑞萨 350MW 燃煤电站项目购电协议及执行协议，标志着项目成功落地，正式进入融资期及施工建设期。

2019 年 4 月 11 日，中国电建投资的牧牛山风电项目顺利实现融资关闭，成为中国电建在发达国家首个融资落地的投资项目。项目位于澳大利亚塔斯马尼亚州中央高地，建设安装 48 台风力发电机组，总装机容量为 148.4MW，年发电量约为 4.4 亿 kW•h，通过 4.1km 220kV 的输电线路接入塔州电网公司现有的瓦达马纳变电站。项目总投资约 3.3 亿澳元，工期 18 个月，运营期为 20 年，项目建成后将成为塔州最大的风电场之一。

6.1.3　中国电力企业海外投资面临的主要问题

发达国家对能源电力等重要行业的投资审查日趋严格。美国外资委员会（CFIUS）不断加强对外国投资尤其是中国投资的国家安全审查，2015－2018年，中国连续 4 年成为被 CFIUS 审查最多的国家。在中美贸易摩擦背景下，

2018 年 8 月，美国通过《外国投资风险审查现代化法案》，进一步扩大 CFIUS 的权限，其中关于"涉及外国政府关联投资人的交易进行强制申报"的规定明显针对中国企业。德国、法国等欧盟国家加强了对外国投资者的审查，并推动欧盟于 2019 年 3 月通过《外国直接投资审查条例》，对能源电力等关键产业领域的外资收购行为进行审查与干预，限制来自非欧盟成员国企业的投资收购。

欧盟对我国国有电力企业投资施加额外限制。欧盟在投资审核中多次将所有中国国有企业视为同一个投资主体，中国国有企业投资通过反垄断审查和行业审查的难度大大增加。根据 2009 年开始实施的欧盟第三能源法案，任何直接或者间接对输电系统拥有控制权的实体，不得在发电或者售电企业中拥有控制权；反之亦然。欧盟将所有中国国有企业视为同一主体，导致国有发电企业和电网企业在欧盟业务容易产生冲突。

发展中国家电力投资面临主权信用风险低、发达国家的政治干扰等问题。电力项目投资规模大，投资回收期长，在发展中国家主要依靠财政或者国有电力企业作为担保，项目风险与项目所在国主权信用评级高度相关。根据标准普尔 2018 年发布的主权信用评级报告，信用评价最差（B-）的国家主要分布在"一带一路"沿线，其中巴基斯坦、蒙古、埃及等电力合作重点国家评价展望为负面，对中央电力企业风险管控能力提出较高要求。此外，美国无端指责中国投资导致发展中国家"债务陷阱"，干扰电力合作。

部分海外电力项目存在中国企业内部竞争。随着更多中国企业走出去拓展海外业务，包括中央电力企业在内的中国企业之间内部恶性竞争问题凸显，甚至出现项目招标时大部分参与者均为中国电力企业，相互抬价，导致海外电力资产出现"中国溢价"，影响了中国企业形象和利益。

相关政府部门对电力企业海外投资的审批、考核等政策还需要进一步优化。在审批方面，近年来中央不断实施简政放权措施，海外投资面临的审批流程已经大大缩短，但还存有一定问题，海外投资项目审批涉及的政府部门较多，中央企业需要向国资委、国家发展改革委、商务部提交审批或者备案材料，且报送要求各不相同，企业准备相关材料工作量较大。在考核方面，目前国资委对中央企业的考核机制尚未考虑海外业务特殊性，海外项目风险较大、个别项目投资失利难以避免，对海外项目现有的考核制度不利于企业拓展国际业务的积极性。此外，考核制度主要对任期内业绩进行考核，可能导致企业对于回报期较长的海外电力项目积极性不高。

6.2　欧洲电力企业跨国投资分析

6.2.1　欧洲电力企业跨国投资整体情况

根据 UNCTAD 的统计数据，2018 年，有 6 家欧洲电力企业（Enel SpA、Iberdrola SA、EDF SA、Engie SA、RWE AG、National Grid PLC）进入全球海外资产规模最大的 100 家企业名单，包括法国 2 家，西班牙、英国、德国和意大利各 1 家，见表 6-10。其中，西班牙电力公司 Iberdrola SA 跨国指数为 80.7%，是跨国指数最高的欧洲电力企业。

表 6-10　2018 年欧洲主要电力企业海外资产、收入、员工占比及跨国指数

公司名称	海外资产（亿美元）	占比（%）	海外收入（亿美元）	占比（%）	海外员工（万人）	占比（%）	跨国指数（%）
Enel SpA	1335	70.5	538	62.4	3.9	56.3	63.1
Iberdrola SA	1215	81.9	369	89.1	2.4	71.2	80.7
EDF SA	1071	33.0	378	46.4	3.4	20.7	33.4
Engie SA	714	40.6	420	58.8	8.5	53.2	50.9
RWE AG	548	59.7	104	66.2	3.5	59.7	61.9
National Grid PLC	470	57.0	130	66.2	1.6	71.3	64.8

数据来源：UNCTAD。

6.2.2 部分欧洲电力企业海外投资分析

（一）Enel SpA 跨国投资分析

意大利电力工业早期主要由私营企业经营，1962 年，政府接管了全国的私营电力公司，组建了国有的意大利国家电力公司（ENEL SpA），对发电、输电、配电采用垂直一体化管理体制，是意大利最大的发电供电商。意大利国家电力公司目前在意大利全国的客户数量有 3 千万户，占整个意大利的 87%。2019 年《财富》世界 500 强排行榜上，意大利国家电力公司位列第 86 位，比 2018 年排名下降 6 位。目前意大利国家电力公司海外资产约 1335 亿美元，海外资产占比高达 70.5%。

意大利国家电力公司旗下主要有电力和天然气两大业务分支，下设电力、能源设备制造、环保设备制造、研究开发、新型能源开发等公司和机构 20 多个。在国外独资、合资以及参股的公司有 10 余家，主要分布在西班牙、斯洛伐克、罗马尼亚、保加利亚。在南美、北美设有清洁能源开发公司。意大利国家电力公司在国际上比较领先的技术包括清洁能源技术、农村能源技术、水电厂的设计、施工技术和火力发电厂的环保技术。

近年来意大利国家电力公司在全球范围内进一步拓展新能源投资项目。主要由其下属公司 Enel Green Power 在德国、巴西、墨西哥、俄罗斯、南非等国家投资建设风电项目。在墨西哥、赞比亚、哥伦比亚和美国投资或合资建设太阳能发电项目，见表 6-11。

表 6-11　　　　　　　　　　　2018 年至今 Enel 跨国投资列表

时间	投资方	内　　容	金额（美元）
2019 年 6 月	Enel Green Power	投资南非 Garob 风电项目	2.3 亿
2019 年 6 月	Enel	投资俄罗斯 Rodnikovsky 风电项目	1.0 亿
2019 年 5 月	Enel Green Power	投资墨西哥 Salitrillios 风电项目	1.5 亿
2019 年 5 月	CGN Energy International Holdings	Enel Green Power 出售 3 个新能源发电站	7.8 亿

续表

时间	投资方	内　　容	金额（美元）
2019 年 4 月	Enel	增持 Enel Americas 4.62%股份	4.6 亿
2019 年 3 月	Enel Green Power	收购 Tradewind Energy	—
2019 年 2 月	Enel Green Power	投资南非 Nxuba 风电项目	2.2 亿
2018 年 12 月	Enel Green Power	投资美国 HillTopper 风电项目	3.3 亿
2018 年 12 月	Enel Green Power	投资墨西哥 Dolores 风电项目	2.8 亿
2018 年 12 月	Enel Green Power、Caisse de depot et placement du Quebec、CKD Infraestructura	投资墨西哥光伏发电站	6.5 亿
2018 年 11 月	Enel	投资俄罗斯 Azov 风电项目	1.4 亿
2018 年 10 月	Enel Green Power	投资巴西 Delfina 风电项目	0.4 亿
2018 年 10 月	Enel Green Power	投资墨西哥 Magdalena II 太阳能发电项目	1.7 亿
2018 年 9 月	Enel Green Power	投资墨西哥 Amistad II 风电项目	1.2 亿
2018 年 8 月	Enel Green Power	投资 3 个南非风电项目	11.3 亿
2018 年 6 月	Carnegie Clean Energy、Enel Green Power	合资研发波能发电技术	1 百万
2018 年 6 月	Enel X	收购综合能源服务商 Yousave	—
2018 年 6 月	F2i SGR	Enel 出售生物质能发电厂	3.9 亿
2018 年 6 月	Enel Green Power、Industrial Development Corporation	投资赞比亚 Ngonye 太阳能发电项目	0.3 亿
2018 年 6 月	Enel	收购巴西 Eletrobras 部分股份	—
2018 年 6 月	Enel	从 AES 收购巴西配电公司 Eletropaulo 17%股份	3.4 亿
2018 年 6 月	Enel	投资英国 Tynemouth 储能系统	0.2 亿
2018 年 4 月	Enel Green Power	投资哥伦比亚 El Paso 太阳能项目	0.7 亿
2018 年 4 月	Enel	收购巴西配电公司 Eletropaulo73.4%股份	93.2 亿
2018 年 3 月	Taaleri Investments	Enelgreenpower 出售地热公司 Erdwarme Oberland GmbH 86.42%股份	—
2018 年 3 月	Enel Green Power	投资美国 Diamond Vista 风电项目	4 亿
2018 年 2 月	Enel Green Power、Enertrag、Leclanche	合资在德国勃兰登堡建设储能项目	0.2 亿

续表

时间	投资方	内　　容	金额（美元）
2018 年 2 月	Alberta Investment Management Corporation	Enelgreenpower 出售 2 个加拿大阿尔伯塔的风电项目 49％的股份	—
2018 年 2 月	Enel Green Power	投资巴西 Morro do Chapeu Sul 风电项目	3.8 亿
2018 年 1 月	Enel Green Power	投资美国内华达州 Wynn 太阳能项目	0.4 亿
2018 年 1 月	Enel Green Power	投资墨西哥 Salitrillos 风电项目	1.2 亿

数据来源：GlobalData。

（二）Iberdrola SA 跨国投资分析

西班牙伊维尔德罗拉（Iberdrola SA）公司主营水电、风电和天然气供应业务。目前西班牙伊维尔德罗拉公司海外资产约 1215 亿美元，海外资产占比高达 81.9％，以墨西哥、巴西、英国的输配电和天然气资产为主。

退出欧洲部分国家传统发电市场，扩大在巴西、墨西哥的布局。Iberdrola SA 近年来逐步减少在西班牙和英国的投资，主要原因是电力零售价过低、电力需求下降以及传统发电领域利润下滑。Iberdrola SA 于 2016 年 6 月出售了其在意大利的全部发电资产；于 2018 年 3—4 月在墨西哥先后投资了 4 个风电项目；同年 6 月收购了巴西输配电公司 Eletrobras 部分股权，见表 6 - 12。

表 6 - 12　　　　　　2018 年至今 Iberdrola 跨国投资案例

时间	投资方	内　　容	金额（亿美元）
2019 年 8 月	Iberdrola	投资 Algarve and the Tajo Valley 光伏发电项目	17
2018 年 10 月	Drax Smart Generation	Iberdrola 出售英国子公司 Scottish Power Generation 的发电资产	9.2
2018 年 6 月	Iberdrola	投资葡萄牙 Alto Tamega, Daivoes 和 Gouvaes 水电站	12.3
2018 年 6 月	Iberdrola	收购巴西输配电公司 Eletrobras 部分股权	—
2018 年 4 月	Iberdrola	计划投资德国 Baltic Eagle、Wikinger Sud 海上风电项目	12.1

续表

时间	投资方	内　容	金额（亿美元）
2018 年 4 月	Iberdrola	投资墨西哥 3 个风电项目	4.0
2018 年 3 月	Iberdrola	投资墨西哥 Guanajuato 风电项目	1.6

数据来源：GlobalData。

以风电项目为重点，成为全球海上风电引领者。据统计，Iberdrola SA 现在持有的运营项目、在建项目、开发项目容量已经超过 3GW。其中，已投产运行的项目包括英国 West of Duddon Sands、德国 Wikinger 海上风电项目；在建项目为英国 East Anglia one 海上风电项目；前期项目包括法国 Saint - Brieuc、美国 Vineyard Wind 等海上风电项目。2018 年 Iberdrola SA 在墨西哥投资了 Guanajuato 等多个风电项目，并预计在德国投资 Baltic Eagle、Wikinger Sud 海上风电项目。

（三）Engie 跨国投资分析

Engie 是涉足能源领域的一家跨国集团。2008 年 7 月 22 日法国燃气集团和苏伊士集团合并，成立苏伊士环能集团。2015 年 4 月 24 日，苏伊士环能集团正式更名为 Engie。Engie 集团凭借其在可再生能源、低碳发电、天然气供应以及技术创新和数字创等领域的丰富经验和领先技术，为个人、城市以及企业客户提供综合的能源解决方案。Engie 业务涉足 70 个国家，在全球拥有 160 000 名员工，2018 年海外资产为 714 亿美元，海外资产占比为 40.6%，海外收入为 420 亿美元，海外收入占比为 58.8%。

Engie 以低碳化、数字化和去中心化为核心，对多个领域广泛进行跨国投资并购。近年来投资类型涉及光伏发电、风电、储能、生物能、电动汽车充换电、智能电网以及综合能源服务等多个领域；投资目的地主要集中在欧洲和美洲地区，部分在中东和非洲地区，见表 6 - 13。伴随能源行业的重大转型，在过去 3 年内，Engie 集团以去碳化（Decarbonation）、去中心化（Decentralization）和数字化（Digitalization）为驱动助力公司转型升级。Engie 集团紧跟行业趋势，通过投资并购迅速将全球领先的智能系统、清洁和分散式能源公司收入集团旗下，进一步增强集团公司在能源电力行业新兴领域的实力，引领世界能源转型。

表 6 - 13　　　　　2019 年至今 Engie 跨国投资案例

时间	投资方	内　容	金额（美元）
2019 年 9 月	Engie North America	投资美国麻省太阳能及储能一体项目	—
2019 年 9 月	Engie	收购德国分布式太阳能公司 Mobisol GmbH	—
2019 年 8 月	Engie、Mirova	收购西班牙 PSFV Palma del Rio 太阳能项目	—
2019 年 7 月	Engie Ineo	收购奥地利电气化系统提供商 Powerlines Group	—
2019 年 7 月	Engie、Nasuvinsa	投资西班牙生物质能项目	0.1 亿
2019 年 7 月	Engie、Meridiam、FONSIS	投资非洲塞内加尔光伏项目	0.4 亿
2019 年 7 月	Engie	收购控制系统提供商 Conti 及其旗下子公司	2.2 亿
2019 年 6 月	Sumitomo、Engie、Macquarie	投资英国储能公司 Connected Energy	6.3 百万
2019 年 6 月	Engie North America	投资美国 Seymour Hills 风电项目	0.5 亿
2019 年 6 月	Engie	收购英国电动汽车充电设施提供商 Charge-Point	—
2019 年 5 月	Engie	收购美国分布式能源公司 Genbright	—
2019 年 4 月	River Stone	Engie 出售其在荷兰及德国的煤电厂	—
2019 年 4 月	Engie North America	投资美国 Jumbo Hill 风电项目	1.5 亿
2019 年 4 月	Engie、Tokyo Gas	成立合资公司并投资墨西哥 2 个陆上风电及 4 个太阳能项目	—
2019 年 4 月	Engie	收购迪拜解决方案提供商 Cofely BESIX Facility Management（CBFM）剩余 50% 股份	—
2019 年 3 月	Engie	收购瑞士解决方案供应商 Tiko Energy Solutions	—
2019 年 2 月	Engie	收购法国生物甲烷生产商 Vol - V Biomasse	—

数据来源：GlobalData。

　　Engie 公司的战略定位是为综合能源需求提供全面而具有竞争力的解决方案。Engie 集团依靠管理复杂工业基础设施以及和当地政府客户长期友好合作的经验，使其客户减少能耗并提高能效，实现具有竞争力的零碳转型。Engie 的三大战略路径包括产品高科技和数字化发展、针对全球 500 强公司的定制化服务以及建立财务合作伙伴关系。在 2019—2021 年期间，Engie 预计在客户解决方案和可再生能源领域投资 11 亿～12 亿欧元。Engie 集团通过战略转型、跨国投资并购，正在进一步巩固其在综合能源服务领域的国际领先地位。

7

相关建议

7.1 政府层面

(1) 加强中国电力企业海外业务的竞争协调，引导中国电力企业协同有序推进海外电力投资。 优化国家层面的海外竞争协调机制，通过电力企业信用体系建设、"黑名单"制度和信息通报机制，规避内部恶性竞争，共同维护好中国电力企业的国际品牌形象。针对欧盟第三能源法案限制中国国有电力企业同时控股发电和输电资产的现状，设立内部协调和预警机制，引导中央电力企业尽可能采取参股的形式投资欧盟电力资产。

(2) 在金融、审批、财税等方面加大力度支持中国电力企业开展海外电力投资，进一步降低企业成本。 在金融方面，扩大海外开发性、援助性贷款的规模以及适用国家、适用项目，进一步降低海外电力项目融资成本和保险费率。在审批方面，建议相关部委统一海外项目审批材料报送要求和资料格式，进一步缩短审批流程。在财税方面，充分发挥出口退税、对外投资合作专项资金等财税工具加大支持力度。

(3) 优化考核方式，提升国有电力企业海外业务质量。 在考核体系中建立容错机制，针对不可控风险因素导致的投资失利建立豁免机制，对承担国家战略任务时发生的亏损在考核时予以统筹考虑，鼓励国有电力企业对"一带一路"沿线战略性电力项目进行长期投资。

(4) 指导中国电力企业加强合规管理，健全海外资产管控和风险防范体系。 提升中国电力企业国际业务依法合规经营管理水平，在总结成功经验基础上出台电力等重点行业海外投资风险防范指引。针对发达国家投资审核趋严的问题，引导中央电力企业以海外资产为平台，间接投资、滚动发展，积极开展第三方合作，降低投资的政治风险。

7.2 企业层面

(1) 结合各区域市场特点优化区域布局和投资方式，统筹存量并购和绿地

投资、成熟市场和新兴市场业务比重。在发达国家重点关注优质存量电力资产并购业务、电力基础设施升级改造以及新能源开发及并网绿地项目，创新投资方式，着眼项目的中长期稳定收益。在新兴市场和发展中国家市场，重点关注大型发电和输配电绿地项目，与利益相关方加强沟通合作，整合电力全产业链、全价值链资源，培育项目机遇、创造投资机会。

(2) 根据国际能源发展趋势和自身业务基础优化海外业务类型和投资领域。考虑全球能源低碳转型的大趋势，重点关注投资回报稳定、具有战略价值的输配电资产，以及发展潜力大、投资前景好的新能源资产，谨慎投资燃煤发电资产。统筹考虑外交、移民、环保、生态、安全等因素，详尽评估水电、核电资产的投资前景，积极稳妥开展存量资产并购和绿地投资。

(3) 关注跨国电力企业及互联网企业对新技术、新业态的投资动态，以海外投资带动国内技术进步。跟踪储能、电动汽车充电、需求侧响应等领域创新型公司发展趋势，研究国际电力企业应用大数据、云计算、物联网等新技术提升运营管理水平的经验，时机成熟时可考虑并购能源电力新技术、新业态等领域的初创型企业。研究探讨与微软、谷歌等互联网企业在电力大数据、人工智能等领域开展合作的可能性，以海外高科技领域的投资和合作带动电力企业国内业务提升智能化水平。

(4) 针对外国投资审查，加强监管法律及相关政策研究，及时规避敏感行业。尽职调查过程中高度关注目标资产是否涉及敏感行业、技术或具有国防军事背景，及时退出敏感资产并购，或将敏感资产从并购目标中剥离。深入研究相关国家投资监管法律与并购案例，针对潜在风险准备应对预案。并购交易前主动咨询监管机构，积极澄清监管机构对中国企业存在的误解。制定交易计划时充分考虑审批时间和审批障碍，根据监管要求制定合理交易策略。加强与监管机构沟通交流，避免交易审批陷入被动。熟悉发达国家游说公司运作方式和政治捐献制度，提防利益集团采取的阻挠措施。与媒体和公关公司加强合作，充分宣传企业合理诉求。

（5）升级业务模式，通过上下游产业链业务协同、海外园区基础设施项目开发、本地化运营等方式打造综合优势，提升整体竞争力。充分发挥中国电力企业上下游产业链优势，以投资、工程承包、装备出口、运营管理、技术咨询等多种方式参与"一带一路"基础设施项目，为客户提供一揽子解决方案，实现业务增值和价值链延伸。把海外产业园区作为基础设施合作的重要抓手，积极参与海外园区基础设施项目建设，以基础设施建设为依托打造国际产能合作平台，延伸业务链条。提升全球资源配置能力，结合当地资源禀赋、业务发展情况，统筹考虑海外研发平台、规划设计中心、售后服务网络、原材料生产与装备制造基地建设，提升对当地市场需求和客户服务的响应能力。

（6）积极稳妥、循序渐进开展项目合作，从源头上控制项目风险，确保项目具有成熟的商业模式和可持续盈利能力。中国电力企业根据自身业务特点和发展基础，开展具有比较优势的主营业务。对项目进行详尽的经济可行性评价，确保项目具有经济性和竞争力，能够长远可持续发展。通过恰当合作模式与当地政府和当地合作伙伴，以及第三方国家实现利益捆绑和风险共担，积极争取相关国家政府在外交、税收、土地使用等方面的政策支持，提升项目的经济性。

参 考 文 献

［1］ BP. BP Statistical Review of World Energy（2019），2019.

［2］ BMI Research. https：//bmo. bmiresearch. com，2019.

［3］ Ernst & Young（EY）. Power transactions and trends 2018，2018.

［4］ EIA. https：//www. eia. gov/electricity/，2019.

［5］ GlobalData power. https：//power. globaldata. com，2019.

［6］ IEA. World Energy Outlook 2018，2018.

［7］ IEA. world energy investment 2019，2019.

［8］ UNCTAD. World Investment Report 2019，2019.

［9］ 商务部 . 2018 年中国对外投资发展报告，2019.

［10］ 中国企业联合会，中国企业家协会 . 2018 中国跨国公司 100 大及跨国指数，2018.

［11］ 高国伟，马莉，徐杨 . 中国与"一带一路"沿线国家能源合作研究 . 北京：人民日报
出版社，2017.